Buch

PUR – das ist die Band der Superlative. Seit Jahren werden Roland Bless, Ingo Reidl, Joe Crawford, Rudi Buttas und Sänger Hartmut Engler mit Preisen und Auszeichnungen überschüttet: 1986 Bundesrocksieger, 1988 die Goldene Europa, 1994 die Goldene Stimmgabel. Und damit nicht genug. Kaum eine deutsche Gruppe hatte je größeren Erfolg beim Publikum als die Band aus Schwaben. Ihren ersten großen Hit »Lena« kennt mittlerweile jedes Kind, und ihr Album »Seiltänzertraum« verkaufte sich bis heute mehr als 1,5 millionenmal und hielt sich knapp 100 Wochen in den Charts. Das macht PUR so leicht niemand nach. Das Geheimnis dieses Erfolgs liegt in exzellenter Rockmusik und vor allem in außergewöhnlich starken Texten. Mal poetisch und nachdenklich, mal frech und provozierend – jedenfalls aber voller Ideen und Phantasie. Das neueste Album »Abenteuerland« ist der beste Beweis dafür.

Autor

Peter Wendling ist Journalist und Sachbuchautor mit zahlreichen Veröffentlichungen. Sein Buch »Die Kelly Family« stand monatelang auf Platz eins der deutschen Bestsellerlisten.

Außerdem von Peter Wendling im Goldmann Taschenbuch:

Die Kelly Family.
Die Geschichte einer Supergruppe (43260)
Die Prinzen.
Die Geschichte der deutschen Supergruppe (43425)
Paddy, my love. Roman (43487)

PETER WENDLING

PUR

Die Erfolgsstory der deutschen Superband

GOLDMANN VERLAG

Originalausgabe

Umwelthinweis
Alle bedruckten Materialien dieses Taschenbuches
sind chlorfrei und umweltschonend.

Der Goldmann Verlag
ist ein Unternehmen der Verlagsgruppe Bertelsmann

Originalausgabe Juni 1996

Umschlaggestaltung: Design Team München
Umschlagmotiv: Fotex/Th. Podlecki
Bildnachweis:
s.e.t, München (S. 41, Bildtafel 3 o. und u.; Bildtafel 4 u., 8u.)
Fotex, Hamburg/Martin Hoffmann (S. 46, 102, 126, 130, Bildtafel 2 o., 4 o., 5)
JAT-Photo, München (S. 85, Bildtafel 2 u.)
PPW/Gaul, Berlin (Bildtafel 1), PPW/Max Kohr, Berlin (Bildtafel 8 o.)
teutopress, Bielefeld (Bildtafel 6-7)
Satz: All-Star-Type Hilse, München
Druck: Presse-Druck Augsburg
Verlagsnummer: 43516
Redaktion: Jens Martin Meyer
T.T. · Herstellung: Sebastian Strohmeier
Made in Germany
ISBN 3-442-43516-1

1 3 5 7 9 10 8 6 4 2

Inhalt

1

Feuerzeuge im Dauertest

Sie rennen auf die Bühne, als ob jemand hinter ihnen her wäre – Schlagzeuger Roland Bless, Bassist Joe Crawford, Sänger Hartmut Engler, Gitarrist Rudi Buttas und Keyboarder Ingo Reidl. Direkt auf die Fans zu, zunächst bis zur Bühnenrampe. Und dann stürmen sie weiter, auf dem schmalen Steg weit hinein ins Publikum. Erst auf einer Plattform inmitten der Fans halten sie an und lassen sich gebührend begrüßen.

Die Musiker sind stets pünktlich, wissen, was sie gerade ihren jüngsten Fans schuldig sind: PUR-Konzerte beginnen ohne Ausnahme auch zu der Zeit, die auf dem Ticket angegeben ist.

Erst nach mehreren vergeblichen Anläufen unternimmt Frontmann Hartmut einen tauglichen Versuch. Er nimmt das Mikrofon fest in die Faust und schreit gegen den ohrenbetäubenden Applaus der Fans an: »Wir haben euch vermißt! Vierzehn Monate ohne Liveauftritt – das ist kein Leben!« Das wollen die Fans hören. Langsam beruhigen sie sich, bereit, das Konzert aufzunehmen.

Noch zufriedener sind die Zuhörer, wenn die Show nicht so direkt eröffnet wird. Wenn eine umwerfende

Einleitungsmusik mit infernalischen Chören und schwindelerregenden Synthesizerechos aus den turmhohen Boxen tönt. »Herzlich willkommen im Abenteuerland!« haucht eine Geisterstimme und verklingt in den Ecken der Halle. Durch Nebelwolken blinken plötzlich die blaugrünen Begrenzungsleuchten eines UFOs. Immer stärker wird das Geräusch der Soundwellen aus den Boxen – Auftakt zur Reise ins Abenteuerland.

Gleich kommt der nächste Blickfang, die Fans sind hochkonzentriert: In Zeitlupe hebt das UFO ab. Niemand bemerkt, daß es bloß Bühnendekoration ist, eine Konstruktion aus Tüll und Scheinwerfern. Dafür erscheint auf dem Bühnenhintergrund der berühmte Fesselballon, allseits bekannt vom Cover der *Abenteuerland*-CD. Die Show beginnt.

Mit schmerzhaft krachenden Drum-Schlägen zeigen Roland und der zweite Livedrummer Martin Stoeck den Fans, wo die Musik spielt. Behutsam stimmen Joes und Rudis Gitarren ein. Dann legen Ingo und sein Keyboard-Partner Martin Ansel los: Elektronische Orchestermusik aus den Synthesizern erfüllt die Halle bis in den letzten Winkel.

Energiegeladen und mit Riesensätzen begibt sich Hartmut an die Bühnenkante. Ohne hinzusehen reißt er auf seinem Weg nach vorne das Mikrofon aus der Halterung und legt los. Ab diesem Moment hüpft und tanzt Frontmann Hartmut auf der Bühne, steht keinen Augenblick still, wechselt ständig die Garderobe, unterhält das Publikum mit fester Hand. Die Fans lassen es mit sich geschehen, weil sie spüren, daß alles, was sie machen, ohne Zwang ist. Hartmut führt sein Publikum ohne Gewalt, motiviert lediglich durch die Show. Die übrigen Bandmitglieder an den Instrumenten treiben ihn zu Höchstleistungen; ihre Powermusik läßt die Atmosphäre aufleben, regelrecht pulsieren. Es entsteht ein fiebriges Klima, durch Scheinwerfer-Spots und neuen Nebel immer wieder neu entfacht.

Manchmal jedoch will die Band noch ganz anders überraschen. Dann beginnen die Musiker zu zaubern, zur Begeisterung der Fans. Bei *Drachen sollen fliegen* zum Beispiel entfaltet sich mit einem wuchtigen Schlag ein knallroter Riesendrachen mit der Aufschrift »PUR live« über den Fans. Oder es senkt sich eine gigantische Sternexplosion aus über hundert gleißenden Scheinwerfern auf die Band herab – beispielsweise beim Song *Sie sieht die Sonne*. Alles leichte Übungen gegenüber einer ganz besonderen Showeinlage bei der *Seiltänzertraum*-Tour: Ein Roadie balanciert in atemberaubender Höhe unter dem Bühnendach; der Artist mit Maske und exotischem Federschmuck trägt eine mit brennenden Kerzen bestückte Stange.

Bei den Konzerten wird, bunt gemischt aus allen PUR-Platten, jede Geschmacksrichtung des Publikums bedient. In ständig wechselnden Verkleidungen tobt dazu Hartmut über die Bühne. Ob als Super-Yuppie in *Sag ja* oder als Parade-Tourist in *Kowalski* – der textende Sänger gibt alles. Und das ist viel, weil Hartmut eine Menge zu bieten hat. Ihm fehlt es auch nach weit über hundert Konzerten einer Tournee nicht an Power. Wie ein Squashball fegt er über die Bühne. Hartmut zieht tatsächlich alle Register, tanzt mit halsbrecherischen Drehungen quer über die Bühne, wackelt dazwischen wie ein Mädchen mit den Hüften und reckt gleich darauf wie ein Olympiasieger die Fäuste in die Luft. Dazu erweist sich Hartmut als wahrer Verkleidungskünstler. Wie ein Fotomodell erscheint er ständig in verändertem Outfit – auch, wenn es manchmal schwerfällt, weil es eine bedrückende Maskerade ist: Zu *Bis der Wind sich dreht* quält sich Hartmut extra in eine alte Nazi-Uniform; es ist ein Song, der sich gegen Rechtsradikalismus richtet. »Man darf Hetzparolen gegen Ausländer nicht mehr unkommentiert stehen lassen!« mahnt Hartmut die Fans (*Bravo* v. 7. 5. 92).

Natürlich kann Hartmut auch leichtere Rollen spielen. Als Karrierist zum Beispiel im Song *Sag ja*, wo er ab und zu sogar eine freche Imitation von Kanzler Kohl bringt. Dann als Super-Tourist *Kowalski*, Teile eins bis fünf. Und wenn er in *Irene* die Hausfrau imitiert, kommt schon beim Aufsetzen der Brille tosende Begeisterung auf.

Alles dreht sich nur um Hartmut. Weshalb? Es sind doch mehr Musiker auf der Bühne. Ist er der Schönste? Der Reichste? Der Wichtigste? Nein, Hartmut ist der Boß. Zwar kommen PUR offiziell ohne Direktoren aus, aber trotzdem muß es einen geben, der im Zweifelsfall die Richtung bestimmt. Das muß einfach sein. Insbesondere, wenn ein Konzert zum Erfolg werden soll. »Ich spüre nur«, sagt Hartmut, »daß sie, wenn es dem Ende zu geht, auch mal einen kurzen Eklat brauchen. Und ich bin der einzige, der zu so etwas fähig ist. Wir haben keinen musikalischen Direktor, aber ich bin der einzige, der den Überblick hat. Wenn ich gerade nicht singe, kann ich als einziger richtig zuhören. Bei acht Leuten kann man sowieso nicht alles bis ins letzte ausdiskutieren. Da muß einfach hin und wieder einer den Chef spielen.« (*WOM Journal* 12/95)

Man sieht es ihm nicht unbedingt an. Hartmut Engler, der singende Boß der Band, bewegt sich springend und tanzend zu seiner eigenen Bühnenshow, als ob es nichts gäbe, über das sich nachzudenken lohne. Angetrieben von Gitarrenakkorden und Schlagzeugwirbeln der Band wedelt er mit den Armen und schüttelt wild die langen Nackenhaare. Nachdem er den Körper ausgiebig erzittern läßt, biegt er sich gleich darauf anmutig und elastisch zu den harmonischen Melodien aus Ingos Synthesizer. Die Zuhörer stehen wie gebannt in der Halle, sind hingerissen von der Ausstrahlung des Frontmanns. So sehr, daß nur eine dezente, kaum merkliche Handbewegung von ihm genügt, um das Publikum zum Mitklatschen zu bewegen.

Außer ihm traut sich nur Rudi, hin und wieder einen Luftsprung hinzulegen. Meist macht er das zum Abschluß eines besonders effektvollen Gitarrengriffs. Die anderen halten derweil still: Am Baß Joe, hinter dem Schlagzeug Roland und an den Keyboards Ingo. Das sieht sogar gut aus, zum Kontrast der vielfarbigen Spots: Sie huschen über die Gesichter der Musiker, tauchen die Bühne abwechselnd in warmes Rot und kaltes Blau – die Show ist wirklich perfekt.

PUR mischen während der Konzerte gerne Songs aus dem jeweils aktuellen Album. Klar, um es vorzustellen und bekanntzumachen. Denn schließlich haben die Konzerte ja auch einen Werbeeffekt. Dabei muß die Mischung stimmen, nur keine Eintönigkeit. Bei der *Abenteuerland*-Tour beispielsweise zuerst die Ballade *Ruhe* und gleich darauf der rockige Fetzer *Wut im Bauch*. Dazwischen eingestreut immer wieder »Oldies« mit Erinnerungseffekt. Dann triumphieren die Fans. So wie beim Klassiker *Freunde*, wo die Menge im Saal beginnt, ganz alleine zu singen und Hartmut amüsiert zuschaut.

Dann wird das Tempo gedrosselt. Bei *Hab' mich wieder mal an dir betrunken* zündet das Publikum Tausende von Feuerzeugen und Wunderkerzen an. Diese Art von indirekter Beleuchtung hält an. Nicht nur beim teils autobiographischen Ehescheidungs-Song *Es tut weh*, sondern natürlich auch bei der Edelschnulze *Funkelperlenaugen*. Bei dieser Nummer, die mit für den Durchbruch von PUR verantwortlich war, nimmt Hartmut direkten Kontakt zur Menge auf, schüttelt Hände und würde gerne wie früher von der Bühne zu den Fans hinabsteigen.

Doch diese Zeiten sind längst vorbei. Zu aufgeheizt ist die Stimmung, kein Wunder nach den PUR-Evergreens *Brüder* und *Lena*. Kurz vor dem Finale ist die Stimmung am Siedepunkt. »Spürt ihr jetzt, daß ihr nicht allein seid?« fragt Hartmut. Ein vieltausendstimmiges »Ja« hallt aus der Menge zurück.

Mit ganzem Herzen feiern die Fans in den ausverkauften Hallen ihre Idole. Lange vor Konzertbeginn tosen die Fans, sind nur schwer unter Kontrolle zu halten.

Immer wieder brechen ungeduldige »Jetzt geht's los«-Rufe aus, die schnell zum lärmenden Sprechchor anwachsen. Und wenn es endlich dunkel wird, zum Zeichen des Showbeginns, verstummt alles wie gebannt, um wenig später in einem einzigen, mächtigen Schrei ihre Superstars zu begrüßen. Immer noch zu früh, niemand steht auf der Bühne. »Vier – drei – zwei – eins ...«, zählt die Menge mit. Dazu schrilles Sirenengeheul, wie in einem Fußballstadion. Und endlich ist es dann soweit. Schon beim ersten Titel gehen die Arme der Fans in die Höhe, um die nächste Zeit dort zu bleiben. Sie singen lauthals brüllend mit, zünden Streichhölzer, Einmalfeuerzeuge und Wunderkerzen an. Dazu als weiteres Backgroundgeräusch das Klicken von Fotoapparaten und das Surren von Filmkameras.

Halb so schlimm, trotzdem. Denn auch, wenn seit 1995 bei den Konzerten neben Roland ein zusätzlicher Schlagzeuger zum Einsatz kommt, so bleibt es doch stets bei eher blutdrucksenkender Rhythmik. Zugunsten der Mitklatsch-Chancen, versteht sich.

Dazu wird von der ersten Liedzeile an mitgesungen. Tausende von Stimmen übertönen die Band. Die Zeiten, als Gotthilf Fischer Leiter des größten, deutschsprachigen Chors war, sind längst vorbei. Der neue »Herr der Stimmen« heißt eindeutig Hartmut Engler.

Natürlich steht hinter diesen Konzerten eine straffe Planung. Wochenlang dauern die Vorbereitungen für die Tournee. Trotzdem steht kurz vor dem Auftritt hinter der Bühne alles Kopf. In letzter Sekunde kann der Bühnenaufbau verändert, zusätzliche Boxentürme gemietet und der Sound umgestellt werden. Mag sein, daß Ingo erst einmal verstohlen in die hell erleuchtete Halle schaut. »Ist ja gigantisch!« könnte er ausrufen. Währenddessen springt Roland wie von der Tarantel gestochen hinter der Bühne herum, um sich ein wenig warm zu machen.

Sind die PUR-Mitglieder nervös vor ihren Auftritten? Macht es angst, vor 10 000 Menschen zu spielen? Dazu Hartmut Engler: »Wir haben ja 1990 am Hockenheimring schon vor 100 000 Leuten gespielt. Aber es ist schon ein großer Unterschied zu kleinen Clubs. Vor so vielen Menschen ist die Nervenanspannung so groß, daß du den Erfolg gar nicht mehr auskosten kannst.« (*AZ* v. 15. 7. 93)

Haben sie manchmal Angst, ausgepfiffen zu werden? Nein, denn mittlerweile sind sie live so gut, daß sie keiner ausbuht. Zudem schießen die Alben nach den Konzerten wie Pfeile in die Charts. Doch zurück zur Show. Wirft die Band tatsächlich manche Pläne kurzfristig über den Haufen? Zumindest früher mag das so gewesen sein, wie Hartmut freimütig bekennt: »Ansonsten steht noch nicht genau fest, was wir alles machen werden und können, das entscheiden wir meist erst bei den Proben vor der Tour. Unsere gesamte Bühnenshow entwickeln wir jedoch im Teamwork, da gibt es keine Firma, die uns ein vorgefertigtes Konzept liefert.« (*Bravo* v. 16. 9. 93)

Mit Erfolg. Denn wer keine Karte besitzt und die fünf auf der Herbsttournee 1995 noch erleben will, muß schon nach Füssen fahren. Alle anderen Konzerte sind seit Monaten ausverkauft. In diesem Stil geht es weiter.

Auch für die Hallentournee 1996 mit zwei Gastspielen in der Stuttgarter Schleyerhalle sind die zweimal 13 000 Karten bereits 1995 knapp. Wenn die Tournee Anfang August 1996 mit einem riesigen Open-air daheim in Bietigheim-Bissingen endet, werden weit über eine Million Fans die Gruppe erlebt haben. Von solchen Zahlen können die Kollegen nur träumen, egal, ob sie Grönemeyer oder Maffay heißen.

Vor jedem Konzert dasselbe Bild: Eine nicht enden wollende Auto- und Buskarawane rollt auf die Parkplätze zu. Polizisten riegeln die Straßen weiträumig ab. Die Fans kommen aus allen Richtungen. Beim abschließenden Open-air-Konzert der *Seiltänzertraum*-Tournee ungefähr 20 000 Zuhörer. Von weitem betrachtet, ist der Platz vor dem Haupteingang schwarz vor Menschen; die Jüngsten um die sechs, die Ältesten schon über fünfzig.

Wer bei der *Abenteuerland*-Tour nur mit den fünf PUR-Musikern rechnet, kommt ins Grübeln. Nochmals nachzählen, immer wieder, doch es stimmt: PUR sind zu acht. Was ist passiert? Es ist ganz einfach: Die neuen Arrangements sind so kompliziert geworden, daß PUR sie zu fünft nicht mehr spielen können. Also müssen Gastmusiker her, drei, die man kennt, und mit denen man sich gut versteht.

Chorsänger David Hanselmann ist einer von ihnen. Er hat PUR als Begleitband engagiert, als er 1990 seinen Fußball-WM-Hit *Go Get The Cup* veröffentlichte. Hartmuts gebrochener Arm bei der *Seiltänzertraum*-Tour und der dadurch ausgelöste Wunsch nach Verstärkung bringt den Stuttgarter als zusätzlichen Sänger zu PUR. »Bei einem Einkaufsbummel fragte mich Ingo, ob ich was zu tun hätte«, erinnert er sich (*Abenteuerland-Tourheft*). Seither sorgt er im Hintergrund der Bühne dafür, daß der Chorgesang live fast so klingt, wie auf der aufwendig produzierten CD. Der 1952 geborene David kennt das Musik-Geschäft in- und auswendig, war Sänger und Songschreiber mit Message, Triumphirat, Overdrive, Fire Horse, als Evans & Hanselmann, mit Anne Haigis und Paul Vincent sowie als Solist – auch unter dem Pseudonym O'Hara. Er kann jedes Publikum in Stimmung singen; Soul, Rhythm 'n Blues werden da zum Leben erweckt.

Der zweite Gastmusiker heißt Martin Ansel: Reiner Zufall führt ihn ebenfalls schon 1990 in die PUR-Crew, weil er zur richtigen Zeit in einem Bietigheimer Studio als Mischer arbeitet. So ist der Keyboarder und Gitarrist Martin auch an der Produktion der letzten PUR-Platten beteiligt. Den Erfolg der Gruppe erklärt er sich durch die Qualität von Texten und Musik, »aber vor allem durch den familiären Umgang miteinander und durch das phantastische Publikum«.

Damit das großartige deutsche Publikum (»Wir haben das beste Publikum der Welt«) keine Hänger bei der solchermaßen erweiterten Band erlebt, erfolgen immer wieder sogenannte »theoretische Durchläufe« vor dem eigentlichen Konzert. Hartmut erklärt das Vorgehen: »Spielen können wir inzwischen alles. Jetzt geht es darum auszuprobieren, wie schnell die Instrumente zwischen den Stücken gewechselt werden können, wann ich wie lange Ansagen mache. Die Lichtjungs müssen wissen, wann die Blackouts kommen, und wir müssen sicher gehen, daß nirgendwo Stolperfallen rumstehen, wenn wir hinten rausgehen.« (*WOM Journal* 12/95)

Es gibt keinen Widerspruch, wenn Hartmut die Kommandos erteilt, beziehungsweise die Reihenfolge der Songs festlegt. Die nämlich entsteht erst beim Proben. Und geprobt wird so: Während die anderen ihre Instrumental-Geschichten üben, fällt Hartmut in einen tranceähnlichen Zustand. Können alle ihre Stücke spielen, ist auch Hartmut soweit. Über Nacht setzt er sich dann nochmals hin, um die endgültige Setliste anzufertigen. Die Reihenfolge wird dann während der Tour nicht mehr verändert, es sei denn, die Musiker merken, daß es irgendwo hakt. Das Wichtigste dabei: Zweieinhalb Stunden lang dürfen die Fans nicht zur Ruhe kommen, müssen von einem Highlight zum nächsten geführt werden.

Und kurz bevor es dann soweit ist, zeigen die Bühnenprofis sogar Nerven. Meist halten sie sich noch in der Garderobe auf, klimpern zur Beruhigung auf einem Synthesizer oder trommeln auf irgend etwas herum. Oder sie wühlen in ihren Klamotten, um sich in letzter Sekunde noch für ein verändertes Bühnen-Outfit zu entscheiden. Alles völlig normal. Nur wenn Joe die Gitarre nimmt und ganz bestimmte Akkorde anschlägt, erstarren auch die anderen. »Wenn Joe Flamenco spielt, wird's ernst«, erläutert Rudi das Zeichen (*Bravo* v. 7. 12. 95).

Bis alles vorbei ist, vergehen immer zwischen zwei und drei Stunden. Und dann noch ein paar Minuten, denn ohne Zugabe läuft gar nichts bei den Fans. Endlich großes Aufatmen, und die Musiker fallen sich im Backstagebereich in die Arme. Sie haben mal wieder alles gegeben und sind von ihren Fans geräuschvoll und begeistert dafür gefeiert worden. Alle strahlen gleichermaßen Zufriedenheit aus, Musiker und Roadcrew. Selbst wenn man sich ja eigentlich etwas schonen wollte, wenn besonders Sänger Hartmut schon seit Tagen mit einer Erkältung kämpft, und auch der Rest der Band gesundheitlich angeschlagen ist. Doch PUR bestehen aus Vollblutmusikern, und die spielen auch noch dann, wenn andere schon krank im Bett liegen. Und es rentiert sich, denn der Applaus des Publikums heilt alle kleinen und großen Wehwehchen. Und die Fans? Steckt der letzte Song, das Schlaflied *La le lu*, zu dem sich die fünf in Schlafgewänder werfen, an? Müde ist jetzt keiner, nur zufrieden. Es könnte Weihnachten sein, oder Ostern – vielleicht auch beides zusammen. Kurz: ein harmonisches Familienfest mit rundum zufrieden lachenden Gesichtern.

Es sei denn, das Konzert findet gar nicht erst statt. So wie im November 1995, als an einem Samstag 9000 Fans aus ganz Deutschland vergeblich nach Hanau anreisen. Weil die Agentur »Buster Concerts« in Babenhausen offenbar einige tausend Karten mehr verkauft hat, als sie Besucher hätte einlassen dürfen, sagt die Hanauer Oberbürgermeisterin Margret Härtel die Veranstaltung kurzfristig ab, aus Sicherheitsgründen. Die Stadt hatte das Konzert mit der Agentur sechs Monate zuvor vereinbart. Dabei war die Besucherzahl schriftlich auf 4200 begrenzt worden. Eventuell 5000, falls die Agentur eine zwölf Meter breite Fluchttreppe installiert hätte. Es wäre unverantwortlich gewesen, alle Kartenbesitzer einzulassen, entschuldigt sich die Bürgermeisterin für das Debakel. »Man stelle sich vor, es passiert irgend etwas in einer überfüllten Halle und eine Panik bricht aus.« (*FAZ* v. 27. 11. 95)

Die Fans lassen zwar ihrer Wut und Enttäuschung freien Lauf, ziehen dann aber diszipliniert ab, ohne daß es zu befürchteten Krawallen kommt.

Nachspiel: Die Karten behalten ihre Gültigkeit für ein Ersatzkonzert im April 1996, diesmal in der Frankfurter Festhalle. PUR entschuldigt sich, obwohl völlig unschuldig, in einem offenen Brief bei den Fans; die Musiker erheben keine Klage gegen den Veranstalter.

2

Crusade, Moonstone, Opus, Pur

1975. Für Bietigheim-Bissingen in zweifacher Hinsicht ein besonderes Jahr. Zum einen siegt das »Spiel ohne Grenzen«-Team sowohl in der deutschen als auch in der europäischen Ausscheidung. Viel Ruhm, viel Ehr – im Jahr, als die Volljährigkeit auf 18 herabgesetzt wird. Das denken sich auch ein paar Schüler aus dem Ellental-Gymnasium und schlagen zu: Ingo und Roland gründen die Urformation von PUR, die Schülerband Crusade.

Roland Bless wird am 8. 3. 61, Ingo Reidl am 10. 6. desselben Jahres in Bietigheim geboren. Ein denkwürdiger Jahrgang, hat sich doch 1961 die DDR durch den Mauerbau von der BRD abgeschottet. Doch auch Positives gibt es zu vermelden. Im Jahr 1961 erscheint, 123 Jahre nach Arbeitsbeginn, der letzte Band des Deutschen Wörterbuchs der Brüder Jacob und Wilhelm Grimm; bekannt wurden die Sprachwissenschaftler vor allem durch ihre Sammlung deutscher Kinder- und Hausmärchen.

Zunächst proben die vierzehnjährigen Jungstars im Kirchenkeller, versuchen, ihren Idolen Genesis und Beatles nachzueifern. Eine reife Entscheidung, sich nach den Jahren des Fröscheaufblasens und des Kickens auf dem Fußballplatz der Musik zu verschreiben – bereut hat es bis heute keiner von ihnen. Trotz der neuen Leidenschaft werden natürlich auch die gemeinsamen Schulfeten und Geburtstagsparties nicht versäumt. Lambrusco aus der Zweiliterflasche ist zu dieser Zeit chic, Kopfschmerzen am nächsten Tag inbegriffen; als höchster Exzeß dann vielleicht auch mal ein heimliches Haschpfeifchen am Waldrand.

1976. Ein Jahr nach der Gründung stößt Hartmut Engler zur Band. Er ist am 24. 11. 61 im Nachbarort Ingersheim geboren.

Er kommt zu der Schülerband wie die Jungfrau zum Kind. Ein Gerücht erzählt, daß er unter den zwanzig Zuschauern eines Crusade-Konzerts ist und der Band mit seinem Parka aushilft, um die Baßtrommel zu dämpfen. Fest steht, daß Ingo Hartmut Klavierspielen beibringt, und daß Hartmut eines Tages im Probenraum vorsingt. Sehr nervös, irgendwas von Cat Stevens, doch letztendlich zur Zufriedenheit der Band: Hartmut ist aufgenommen, und Schlagzeuger Roland muß nicht mehr selbst singen, was ja auch nicht besonders gut ausgesehen hat. Insbesondere, da sie ganz im Stil der 70er wild experimentieren und improvisieren; ausgesprochen langwierige und problematische Halbstunden-Stücke stehen zu dieser Zeit auf dem Programm.

In der Schule sind die Crusade-Jungs trotz ihres zeitaufwendigen Hobbies nicht schlecht. Insbesondere Hartmut ist bei den Lehrern beliebt, obwohl er kein Streber ist und öfter mal anderer Meinung ist. Die Freunde sind, übrigens bis heute, politisch alle ziemlich links eingestellt. Aber sie sind nicht einfach nur »dagegen«. Gegen so vieles wird zu dieser Zeit protestiert. Vor dem Atomkraftwerk Brokdorf beispielsweise prügeln sich 400 militante Kernkraftgegner mit der Polizei. Nichts für Crusade, die sich eher als Hippies fühlen und Gewalt ablehnen.

Durch dick und dünn gehen sie zusammen, so wie es Hartmut später einmal beschreibt: »Für uns ist ein gewisses Gang-Feeling sehr wichtig, wie zu der Zeit, als wir 15 oder 16 Jahre alt waren. Solange kennen wir uns ja schon. Man macht einfach alles zusammen, hat zusammen Erfolg oder verliert zusammen. Dieses Zusammengehörigkeitsgefühl und die Tatsache, daß wir immer an uns geglaubt haben, hat uns sehr stark und glaubwürdig gemacht. Das wird eben auch honoriert. Ich bedaure alle Einzelkämpfer, die zwar unter dem Strich mehr verdienen, aber sich einsam fühlen, wenn sie ganz oben angelangt sind, wo die Luft extrem dünn wird.« (*Bravo* v. 16. 9. 93)

1979. Die Band Crusade wird schnell eine lokale Größe. Schon damals spielt Roland nicht nur Schlagzeug, sondern kümmert sich zudem um das Management der Band. Das Abitur hat er mittlerweile in der Tasche, er studiert Elektrotechnik. Außerdem tritt er als Kabarettist auf. Später tingelt er zusammen mit einem Freund als Gitarren-Duo und verdient sich ein bißchen Geld mit Straßenmusik in Deutschland, Frankreich und Spanien.

Im Jahre 1979 stößt Joe zu Crusade. Er ist am 28. 3. 63 als Jörg Weber in Ludwigsburg geboren. Jo heißt er schon als Junge, den heutigen Nachnamen Crawford nimmt er dann von seiner Frau an; dazu ändert er den Vornamen Jo in Joe. Beim Musikstudium ist Blockflöte und Kontrabaß sein Hauptfach, und als er bei Crusade anfängt, wird er als zweiter Gitarrist verpflichtet. Der Baß ist noch nicht gleich Joes Hauptinstrument. Erst als der Bietigheimer Bürgermeistersohn Alexander den Platz räumt, kann Joe das Instrument wechseln und seinen musikalischen Ehrgeiz auf vier Saiten ausleben.

»Wir spielten Freak-Rock«, erinnert sich Joe heute (*Musik Markt* v. 1. 10. 88). Crusade sammelt die klassischen Erfahrungen junger Bands, setzt sich aber mit der Zeit dank zielgerichteter Sturheit durch. Eiserne Disziplin herrscht schon damals, obwohl die Musiker sicher nicht danach aussehen: Zottelfrisur, Parka, Zündapp, Kriegsdienstverweigerung, Anti-Atomkraft-Demo vor dem nahen Kernkraftwerk Neckarwestheim.

Dabei ist das Glück nicht immer auf ihrer Seite. In Ludwigshafen zum Beispiel, wo sie in einem Jugendkeller spielen: Vor dem Konzert die schwere Anlage eigenhändig die Treppen runterwuchten und aufbauen. Und dann? Es kommt kein einziger zahlender Zuschauer. Da ist es den Roadies hoch anzurechnen, daß sie trotz aller Schlappen von Anfang an mit dabei sind. Tom Schwille zum Beispiel, mit dem schönen Spitznamen »Osram«. Schon ganz am Anfang der Band-Geschichte setzt er seine Schulfreunde von Crusade ins rechte Licht. Das macht er bis heute, allerdings als Fulltime-Job. Früher hat er noch die Zeit, der Band die ersten Auftritte in Jugendhäusern zu besorgen und die gemeinsame Kasse zu verwalten.

Frieder Baer ist der zweite im Bunde, trägt den Spitznamen »Petz« und macht Tontechnik bei Crusade. Seine Zusammenarbeit mit der Band beginnt ebenfalls schon 1979. Eigentlich will er sich bloß einen netten Abend machen, ein Konzert besuchen. Doch der gelernte Feinwerktechniker und Energieanlagenelektroniker hört sofort, daß nichts klappt. Also ab in den Übungsraum der Band; er bietet seine Hilfe an und kommt so zu seinem heutigen Job.

1980. In Washington malt die Umweltstudie »Global 2000« ein düsteres Bild der Zukunft; die neuen Schlagwörter heißen Bevölkerungsexplosion, Ozonloch und Klimakatastrophe. In Bonn werden die Grünen unter dem Motto »ökologisch, basisdemokratisch, sozial, gewaltfrei« Bundespartei.

Für Crusade Anlaß, sich um erste deutschsprachige Texte Gedanken zu machen. Dafür muß ein anderer Name her – Crusade nennt sich ab jetzt Opus. Der kreative Bandname ist berechtigt, denn zu Tom und Frieder stößt jetzt der dritte »Roadie«, später im Nebenberuf zusätzlich Hartmuts Schwager. Rainer Nagel produziert und managt Crusade. Trotz seines lustigen Spitznamens »Hägar« ist der Mann ein Vollprofi. Bei ihm lernt Opus die ersten Schritte im schwierigen Musikbusineß. Der gelernte Friseur und begeisterte Bassist in der Rock'n'Roll-Band Message hat unter anderem jahrelange Erfahrung als Frontmixer bei Udo Jürgens.

Rainer vermittelt Opus Auftrittsmöglichkeiten in amerikanischen Clubs. Dafür wechseln sie abermals den Namen, führen ein regelrechtes Doppelleben. Als

Opus arbeiten sie an ersten deutschsprachigen Liedern, als Moonstone verdienen sie dazu das Geld. »Die Basis für unseren heutigen Status«, sagt Hartmut heute, »schufen wir mit unseren Auftritten in diversen amerikanischen Clubs Ende der 70er Jahre und Anfang der 80er. Da konnten wir uns richtig austoben und ein Gefühl fürs Publikum bekommen.« (*Music News* 9/95)

Ihre Instrumente finanzieren sie nicht mehr mit Nachhilfeunterricht oder Ferienjobs, sondern auf Tingeltouren durch amerikanische Clubs, wo sie nicht nur Elvisstücke wiedergeben, sondern auch Schmusemusik als Hintergrundgesäusel zum Festmahl spielen – im Schnitt für 120 Mark pro Mann und Abend. »Früher habe ich von AC/DC bis Zappa alles nachgesungen. In kleinen amerikanischen Soldatenclubs. Popstar wollte ich aber nie werden, nur überleben«, schildert Hartmut die Situation (*Gala* v. 1. 6. 94).

Opus alias Moonstone spielt vor begeisterten GI's Evergreens und Ohrwürmer quer durch die Geschichte der modernen Popmusik. »Das alles haben wir heut, Gott sei Dank, nicht mehr nötig«, meint Hartmut später. »Aber wenn es noch einmal nötig sein sollte, in kleinen Clubs zu spielen – wir machen es wieder.« (*Bietigheimer Zeitung* v. 31. 3. 93)

Die vielen Stunden, die sie zusammen mit amerikanischen Soldaten verbringen, prägen sie. Ihre späteren Alben werden sie in Nashville/Tennessee aufnehmen. »Uns gefällt die relaxte Country-Atmosphäre dort.« (*Bravo* v. 8. 12. 94) Gibt es noch mehr Gründe, in den USA aufzunehmen? »Erstmal die Atmosphäre: Wir haben beispielsweise beim Mittagessen die Eagles getroffen – das ist schon toll. Aber natürlich auch, weil du in Nashville die Elite der Musiker antriffst. Bei einigen Songs hat wieder Paul Leim Schlagzeug gespielt und Dann Huff einige Gitarren-Sachen beigesteuert.« (*Fachblatt Musikmagazin* 11/95)

Wirklich nur aus musikalischen Gründen? Naja. Als Rudi Buttas 1995 heiratet, wartet vor der Kirche stilecht ein chromblitzender Cadillac Fleetwood. Man hat sich schließlich an breite Autos gewöhnt.

1981. Die Musiker haben Erfolg, es geht steil aufwärts. Auf den Bühnen rund um Stuttgart räumt das Quintett kräftig ab. Quintett? Ja, Opus ist jetzt zu fünft: Rudi Buttas stößt zur Band, ist ab jetzt mit verantwortlich für den Aufschwung der Gruppe. Rudi ist am 6. 4. 55 in Ex-Jugoslawien geboren, im Jahr, als Harry Olson und Herbert Belar den ersten Musik-Synthesizer entwikkeln; heute sind die Musikcomputer unverzichtbare Bestandteile der Popmusik. Der gelernte Fernsehtechniker und studierte Gitarrist Rudi hat schon bei einigen Musikgruppen im Raum Stuttgart gespielt. Zunächst vor allem ist er eine willkommene Verstärkung, weil er Zugang zu einem Übungsraum hat. Jetzt kann endlich ernsthaft gearbeitet werden. Auch während des Studiums, als sich Hartmut noch mit Germanistik, Anglisitk und Politik aufs Lehramt vorbereitet, Roland für seine Prüfungen in Elektrotechnik büffelt und Rudi, Ingo und Joe Musik studieren, wird dreimal pro Woche geprobt. Nicht einmal die wichtigste Ausrede wird als Entschuldigung angenommen.

Motivation bringt auch der Musikmarkt: Der erste CD-Player kommt in den Handel; die Schallplatte muß der Compact Disc weichen. Jetzt ist es soweit, ein eigenes Album muß her.

1983. Während in unmittelbarer Nachbarschaft Konrad Kujau mit gefälschten Hitler-Tagebüchern den *Stern* in eine tiefe Krise stürzt, bastelt Opus am ersten Album. In Rainers Studio produziert die Gruppe *Opus 1*. Obwohl sie die LP ohne professionelle Hilfe selbst verkaufen, erreicht sie relativ hohe Auflagen.

Es ist sicherlich ein ergreifender, unvergeßlicher Moment, als das erste, selbstbezahlte Album auf dem Plattenspieler liegt. Obwohl noch keiner vom Erfolg heutiger Tage zu träumen wagt, arbeitet die Gruppe unverdrossen weiter: *Glaubst du denn* entsteht, der Song zu den Demos der Friedensbewegung gegen Nato-Doppelbeschluß und Aufrüstung, zum ersten Mal gespielt bei einem Anti-Pershing-Friedensmarsch in Heilbronn.

1984. Es ist die Zeit des Umdenkens. Aus der Waldschadenserhebung geht erstmals deutlich hervor, daß Autoabgase Hauptursache des »sauren Regens« sind; Bonn fordert ein Tempolimit. In Paris entschlüsselt Luc Montagnier die genetische Struktur des HI-Virus; die WHO rechnet bis zum Jahr 2000 mit 40 Millionen Infizierten.

Grund genug für Opus, sich Gedanken zu machen. *Im Labyrinth* entsteht, ein Song gegen Reglementierung und Einzwängung durch Gesetze, Werte und Normen.

Die Gruppe fällt auch im Kollegenkreis auf. Hartmut lehnt ein Angebot des damaligen Scorpions-Produzenten Dieter Dierks zugunsten von Opus ab.

1985. Opus stellt bei einem Konzert bei Heilbronn das zweite Album *Vorsicht zerbrechlich* vor. Die Band hat bereits auch hier einen guten Ruf und, weil es ja nicht weit weg ist, schon ein paar treue Fans. *Vorsicht zerbrechlich* kommt an, vor allem, weil die Platte besser ist als das Livekonzert. Kritiker vermissen Improvisationen oder Solileistungen. Es reicht angeblich bloß zu einem verschnörkelten Schlagzeugsolo und einigen gelungenen Showeinlagen. Obwohl Frieders Sound klar und sauber sowie Toms Lightshow professionell ist.

Resultat trotz dieser anfänglichen Schwächen: Erstmalig läuft in diesem Jahr ein Lied der Band im Süddeutschen Rundfunk. Im selben Jahr echtes Künstlerpech. Gerade als Opus ihren zweiten Albumerfolg feiern, kommt eine Gruppe aus Österreich, die denselben Namen trägt. Nicht genug damit: Die Konkurrenz landet überdies einen Hit; der künftige Oktoberfest-Renner *Live is Life* erklimmt im April 1985 Platz eins der deutschen Charts und bleibt dort sieben Wochen lang stehen.

Man kann sich denken, welch mühseliges Verwirrspiel nun beginnt. Ständig werden die beiden Bands verwechselt, bis es zu einer juristischen Auseinandersetzung kommt. In der Praxis kann das dann so aussehen: Als die heutigen PUR-Musiker beispielsweise zu einem Konzert irgendwo, wo sie völlig unbekannt sind, in den Saal kommen, geht es dort bereits rund. Die denken, ihr seid die Österreicher, teilt der Veranstalter händereibend mit.

An diesem Abend entsteht, in halbstündiger Arbeit kurz vor dem Konzert, *Scheiß bleibt Scheiß* – eine Parodie auf den österreichischen Opus-Hit, die auch heute bei Konzerten zu hören ist.

»Es war eine lustige, aber auch frustrierende Zeit«, erinnert sich Hartmut (*Musik Markt* v. 15. 6. 87). Immer wieder werden die Schwaben mit den Österreichern verwechselt. Von wildgewordenen Fans wird sogar der Bandbus verfolgt, auf dem in großen Lettern »Opus« steht. In ihm aber sitzen die »falschen« Musiker, feixend und auch ein bißchen verstört.

Die zu dieser Zeit erfolgreichere Band mit dem Namen Opus gewinnt den Streit. Die Bietigheimer trennen sich notgedrungen von ihrem Namen und nennen sich PUR. Der Abschied vom alten Gruppennamen schmerzt auch finanziell: Immerhin müssen mehrere tausend Plakate vernichtet werden. Eine Einbuße, die nicht von Dauer ist. Während die österreichische Band Opus heute von ihren Oktoberfest-Tantiemen zehrt, sind die PUR-Musiker Superstars der Extraklasse geworden. Korrekterweise muß angeführt werden, daß *Live is Life* im Sommer 1985 auch die britische Hitparade erreicht und bis auf Platz 6 klettert. In Amerika kommt der Bierzelt-Renner immerhin noch auf Platz 32.

PUR kann das heute nicht mehr ärgern. Langfristig haben die Schwaben in dem Streit doch gesiegt. Mit deutschen Texten in die Oberliga – das gelingt nur wenigen. Doch zufällig ist die Entwicklung nicht: Immerhin nennen sie sich nach der Opus-Affäre deshalb PUR, weil »wir keinen Computersoundbrei machen.« (*Bravo* v. 27. 12. 91)

3

Bundesrocksieger – leichte Übung

1986. Beim Reaktorbrand in Tschernobyl werden Strahlungen freigesetzt, die 40mal soviel Radioaktivität enthalten wie die Atombombenexplosion über Hiroshima. In Deutschland ist ein deutlicher Rechtsruck spürbar. Auch PUR fällt diese Entwicklung auf, und sie verarbeiten sie sogleich in einem Song: *Bis der Wind sich dreht* entsteht. Der Anti-Nazi-Song gehört von nun an zu jedem Konzert, präsentiert im furchteinflößenden Ledermantel aus dem Secondhandshop. Auch andere Lieder sind entstanden – die Band ist stark genug, um sich mit der Konkurrenz zu messen.

Am 28. Dezember 1986 ist es soweit: PUR gewinnt in Osnabrück als beste von 3000 Mitbewerberbands den Bundesrockpreis. Seit Anfang der 80er Jahre veranstaltet der Deutsche Rockmusiker-Verband, der Dachverband von etwa 12000 deutschen Rockmusikern, Landes- und Bundesrockfestivals. Zur Nachwuchsförderung, und um die Sieger beim Publikum und den Plattenfirmen bekannt zu machen. »Die Resonanz in den Medien ist wesentlich für den Durchbruch der Rockmusik in der Kulturszene«, meint der Vorsitzende

Seelenmeyer (*Stuttgarter Zeitung* v. 30. 12. 86). Auch die Deutsche Phono-Akademie, der Deutsche Musikrat, das Land Niedersachsen und die Bundesregierung unterstützen das Festival.

Acht Stunden lang spielen die Nachwuchsbands vor etwa 4000 Zuhörern und einer kritischen Jury; sie besteht aus Musikjournalisten und dem Osnabrücker Musikprofi Heinz Rudolf Kunze. Nicht alles klappt wie gewünscht, immerhin spielen zumeist Newcomer: Brummen und Kurzschlüsse lassen viele Auftritte zu einem Kampf gegen die Technik werden. Doch der Auftritt von PUR kommt einem Heimspiel gleich, völlig unerwartet. Sechs Stunden lang finden acht der neun PUR-Konkurrenten mittelmäßigen Beifall. Dann ist es soweit, und die PUR-Musiker sehen erfreut, daß in vier Bussen Fans aus Bietigheim, Kaiserslautern und sogar Norderney gekommen sind. Die Musiker treten an diesem Abend als zweitletzte Gruppe auf, doch es ist allein ihre Party: Transparente und begeisterte Zurufe beweisen das.

Auch das neutrale Publikum verkraftet die dargebotenen Songs ohne Schwierigkeiten. PUR spielt zum Beispiel *Drachen*, eine Hymne an die Freiheit. Die Jury spitzt die Ohren, denn so glaubwürdig wie PUR bringt keiner seine Texte. Sie spüren, daß die Band es ehrlich meint, was sie singt. Alle sind gebannt, bis zum letzten Lied. Es ist *Irene*, eine Persiflage auf die Regenbogenpresse. Was nun folgt, war zu erwarten: Nach dem nicht enden wollenden Beifall zu schließen, hat PUR den Preis schon in der Tasche. Verständlich, denn die Musiker haben in perfekter Abstimmung von Licht, Musik und Bühnenbild eine Show gezaubert, die auch das Brummen der Tonanlage vergessen läßt.

Klar, daß die Jury der allgemeinen Begeisterung folgt und der Band den Rockpreis 1986 überreicht. Als Moderator Jörg Eckrich vom Hessischen Rundfunk das Ergebnis verkündet, bricht in der Osnabrücker Stadthalle erneut tosender Jubel aus: »Den Deutschen Rockpreis 1986 hat die Gruppe PUR aus Bietigheim gewonnen!«

Es ist nicht nur der Gewinn des Preises, der diesen Abend zu einem Triumph macht. Es geht um viel mehr, um die deutschsprachige Rockmusik. Der Sieg ist eine neue Ermutigung für junge Bands, ihre Lieder auch auf deutsch zu singen.

Um Nachwuchsförderung auch nach der Preisverleihung zu betreiben, werden alle Gruppen des Festivals auf einer Schallplatte veröffentlicht, die Plattenfirmen, Rundfunkanstalten und Kulturinstitutionen zugesandt wird. Zudem werden die drei Ersten durch die sechs größten Städte der Bundesrepublik auf Tournee gehen. Gibt es da noch einen Silvesterwunsch? »Der Durchbruch«, ist die spontane Antwort von Roland (*Stuttgarter Zeitung* v. 7. 1. 87).

1987. In dem Jahr, als an der New Yorker Wallstreet ein drastischer Kurseinbruch zu einem weltweiten Börsendebakel führt, feiern PUR ihren Aufschwung. Die Single *Hab' mich wieder mal an dir betrunken* entwickelt sich zum Dauerbrenner im Radio. Zwei Fernsehauftritte wird es mit der Band geben, im Juni in der ARD-»Spielbude«, und kurz darauf in der ZDF-»Tele-Illustrierten«.

Auch in Bietigheim erkennt man die Zeichen der Zeit. Die Bundesrocksieger werden beim bürgermeisterlichen Empfang als neue Kulturträger der Stadt gefeiert.

»Wir finden das gut, daß Sie uns ins Rathaus eingeladen haben. Das gibt uns das Gefühl, daß unsere Musik nicht als Subkultur angesehen wird«, bedankt sich PUR artig beim Bürgermeister (*Bietigheimer Zeitung* v. 8. 1. 87). Und der Oberbürgermeister erklärt werbewirksam, daß die Rockmusik ein Bestandteil der Musikkultur geworden sei. Daß man in der Kunst immer neue Wege gehen müsse.

Dabei sieht manch einer außerhalb des Rathauses in PUR noch immer eine Eintagsfliege. Hat doch die Band den Hit *Hab' mich wieder mal an dir betrunken* scheinbar ohne große Vorbereitungen gelandet. Zugegeben, der Song ist zwar handwerklich einwandfrei, aber ohne aufregend neue Elemente. Doch es ist die bewährte Musik von Profis; ihr vermeintlicher Blitzstart hat nichts Zufälliges.

Die Karriere beschleunigt sich, denn nach dem Sieg in Osnabrück zeigt die Plattenindustrie Interesse. »PUR, die machen wir zur Stuttgarter Antwort auf die Münchner Freiheit«, plant ein Rundfunkpromoter von Intercord (*Stuttgarter Zeitung* v. 7. 9. 88).

Wie sind PUR tatsächlich zu einem Plattenvertrag gekommen? Intercord-President & Managing Director Herbert R. Kollisch erinnert sich: Auf einem Firmen-Skiausflug schiebt der damalige Abteilungschef und heutige Senior A&R Karl-Heinz Rothenburg die Kassette einer völlig unbekannten Gruppe in den Recorder.

Im Auto der Ausflügler erklingt der Song *Funkelperlenaugen*. Die drei Frauen im Auto sind begeistert, die Entscheidung der Bosse fällt für PUR. Laut *Bietigheimer Zeitung* vom 31. 3. 93 liefert PUR-Sänger Hartmut die zweite Version der Entdeckungsstory selbst: Beim ersten Treffen mit Charly Rothenburg fragt der Hartmut, ob er Popstar werden wolle. »Na klar«, sagt Hartmut. Darauf Charly: »Kein Problem, kriegen wir hin.«

So setzt Intercord große Erwartungen in die gemeinsame Zukunft und gibt den Musikern im Oktober 1987 einen Künstlervertrag für zwei bis drei weitere Alben. Die Plattenfirma tut es nicht ausschließlich aus Großmut: Immerhin hat sie schon einmal eine große Chance verpaßt. 1984, als sie sich von Herbert Grönemeyer abwenden, weil er nicht den erwarteten Umsatz bringt, haben die Plattenbosse eine Fehlentscheidung getroffen. Denn kurz darauf veröffentlicht der Musiker sein millionenfach verkauftes *Bochum*-Album – Grund für die Branche, hämisch über die Intercord-Pleite zu lachen. Aus solchen Fehlern hat die Firma gelernt, und mittlerweile ist der Vertrag mit PUR bis über das Jahr 2000 hinaus verlängert. Heute trägt die anfangs mühevolle Arbeit mit der Band Früchte. Mit den Einnahmen aus dem PUR-Geschäft kann Intercord wieder neue, junge Bands aufbauen. So wie es ist, als PUR zu Intercord kommt: da wird die junge Band auch mit dem Geld finanziert, das die Firma mit Roger Whittaker oder Reinhard Mey verdient. Als erstes Ergebnis der Zusammenarbeit erscheint noch 1987 das Album *Pur*. Nur 15000 Platten werden bis zum Jahresende verkauft. Vom großen Erfolg können die neuen Partner damals nur träumen.

Dessen ungeachtet arbeiten die fünf PUR-Musiker weiter an neuen Songs. *Nur im Film* entsteht: Es geht um die übergangslose TV-Präsentation vom Tanklasterunglück in Herborn zur Serie »Schwarzwaldklinik«. Dann das Lied *Solang ich noch am Leben bin*. Der Text wird Therapiebestandteil von mindestens einer zweimalig verhinderten Selbstmörderin. Und natürlich die erste Folge des Fortsetzungs-Hits *Kowalski*. Der Song entstand aus banalem Anlaß: Im Griechenlandurlaub plagt Hartmut Durchfall – Zeit genug, um aus der Misere einen Song zu machen.

1988. Noch ist die Lektüre der eigenen Kontoauszüge niederschmetternd. So entsteht *D-Mark*, doch glücklicherweise werden die kriminellen Ideen zur Geldbeschaffung nicht verwirklicht, sondern landen in diesem Song. Dabei geht es PUR inzwischen gar nicht schlecht. »Wir können heute alle von unserer Musik leben«, berichtet Roland Bless stolz (*Stuttgarter Nachrichten* v. 4. 1. 88).

Das Lied *Funkelperlenaugen* wird veröffentlicht. »Naiv und lieb gemeinter Liedtext, ganz Gefühl und jeder intellektuellen Kritik wehrlos ausgesetzt«, urteilt ein Südfunk-Moderator harsch. Das schmerzt Hartmut sehr, denn er hat diese Augen nicht erfunden, sondern persönlich gesehen.

Man möchte zaubern können in diesen Zeiten. So wie ein US-Pharmakonzern, der in diesem Jahr das Patent auf eine gentechnisch manipulierte Maus erhält. Auch die PUR-Realität ist nicht zum Lachen. Die mit dem Plattenvertrag verbundenen Hoffnungen in Richtung

Hitliste lassen sich noch nicht verwirklichen. Auch das Album *Pur* verkauft sich schlecht und bleibt deutlich hinter den Erwartungen zurück.

Zum Flop entwickelt sich auch die Single: Obwohl die Sender *Hab' mich wieder mal an dir betrunken* häufig spielen, wechseln gerade knapp 4000 Scheiben den Besitzer. Schlechte Zeiten für Rockmusik mit deutschen Texten. Traurig stimmt die Musiker auch, daß die Plattenfirma ihre Single *Frau Irene* zurückzieht. Kurz vor der Veröffentlichung entscheiden die Macher, daß PUR keine Witzband werden soll.

Endlich ein Lichtblick: PUR veröffentlicht das zweite Intercord-Album *Wie im Film*. Böse Zungen sind sofort auch hier wieder zur Stelle. Das klingt ja nach Kapitulation, mäkeln sie, nach »Stuttgarter Freiheit«. Einfacher Rhythmus, eingängige Melodien und mit Pennäler-Lyrik besungene Teenager-Träume. Die Songs *Viel zu lang zu gut gegangen* und *Immer weiter* stehen ganz oben auf der Verrißliste der Kritiker.

Dabei bringen sich die PUR-Musiker gerade mit dem Album *Wie im Film* an die Spitze der deutschen Musikszene. An jeglicher neidischer Kritik vorbei ziehen sie sich hoch, entwickeln sich kontinuierlich weiter, arbeiten mit bekannten Musikgrößen zusammen. Einer sagt, wie es ist: »Es gibt nicht so viele gute Deutsche Acts, wer sich dafür interessiert, könnte sich also ruhig alle Platten kaufen. Außerdem halte ich diese Konkurrenzdenkerei für blödsinnig.« (*Rheinische Post* v. 27. 9. 93) Die Besseren siegen ja am Ende doch trotz aller Hindernisse, die ihnen in den Weg gelegt werden: Im selben Jahr 1988 gewinnt PUR die »Goldene Europa«.

1989. Der britisch-indische Schriftsteller Salman Rushdie wird wegen seines Buchs »Satanische Verse« vom iranischen Revolutionsführer Ayatollah Khomeini zum Tode verurteilt; der Mordbefehl besteht bis heute. Ein freundlicheres Klima herrscht weiter westlich: Als erstes Land des Warschauer Pakts öffnet Ungarn seine Grenzen. Und in der Nacht zum 10. November öffnet schließlich die DDR den Schlagbaum zur BRD.

Politisches auch bei PUR: *Sag ja* entsteht, ein Song um das Wahlplakat der baden-württembergischen CDU, auf dem groß »Ja« und sehr klein »CDU« zu lesen ist. Verträumter dagegen *Alice im Wunderland*; hier stammen einige Textzeilen Hartmuts gedanklich aus dem Zen-Buddhismus. Und Dauertourist Kowalski erlebt Folge zwei. Für den Song *Kowalski II* wird der Ferienbungalow-Nachbar in der Türkei beobachtet.

Daneben findet Hartmut Zeit, mit Peter Maffay zusammenzuarbeiten; er hilft bei dessen Album *Kein Weg zu weit* mit. Doch damit nicht genug: Auch für die neue Mary-Show werden Songs geschrieben. Mit der erfreulichen Folge, daß in diesem Jahr erstmals für jedes Bandmitglied Gehalt ausbezahlt werden kann: 1500 Mark pro Monat. Die Besonderheit dabei ist, daß nicht nur die fünf Musiker profitieren, sondern nach alter Schoschonenart auch die drei Roadies – acht Mann teilen durch acht, das ist praktizierte Gerechtigkeit.

1990. Deutschland ist wieder vereint, bereichert um fünf neue Bundesländer; für rund 3,4 Milliarden Mark werden Ostmark umgetauscht. PUR bringt das insgesamt fünfte Album auf den Markt. Aus *Unendlich mehr* wird,

Eingeschwebt zum Hockenheimring-Open-air 1990: Rudi, Ingo, Roland, Joe und Hartmut

gegen den Rat der Plattenfirma, die gleichnamige Single ausgekoppelt. Resultat: Zwei Monate hält sich *Unendlich mehr* in den deutschen Charts. Endlich in den Top-100, ein entscheidender Höhepunkt auf dem Weg nach oben.

Daneben arbeitet Hartmut mit Reinhard Mey zusammen, textet für dessen *Alles geht!* Auch Peter Maffay greift immer wieder auf die Qualitäten des Texter- und Komponistenduos Hartmut und Ingo zurück. Ingo arrangiert einige Stücke auf der letzten LP von Reinhard Mey, Hartmut erhält inzwischen Gold und Platin für den Text von Maffays *Tiefer*. In München wird er mit dem Fred-Jay-Texterpreis der GEMA ausgezeichnet.

Dann die Tour, die erste große Tournee. Sie erstreckt sich bis ins nächste Jahr hinein, umfaßt über 150 Konzerte in Deutschland; unter anderem vor 100 000 Zuschauern auf dem Hockenheimring, und dann während der Open-air-Tournee gemeinsam mit BAP. Nach dieser erfolgreichen Tour, bei der PUR sogar im Ruhrgebiet die Hallen füllen, zeigt sich auch Intercord freizügiger. Immerhin ist die Band das erste Mal in die Charts vorgerückt, hat einen Fernsehauftritt nach dem anderen. Kein großes Risiko, nun die Promotionkosten für die neue Platte aufzustocken und bundesweite Radiowerbung zu buchen. Klar, daß PUR darüber ihren Dauertouristen nicht vergessen haben. Während der Tourpause zum Jahreswechsel 90/91 geht es zur Erholung in die Karibik – dabei wird *Kowalski III* geboren.

1991. Das Album *Nichts ohne Grund* entsteht. Für die Produktion werden keine Kosten gescheut. Dreieinhalb Monate sind die Musiker im Studio. »Es war eine schwierige Geburt, weil wir zunächst nicht wußten, ob wir das Niveau von *Unendlich mehr* noch einmal steigern konnten«, erinnert sich Hartmut (*Stuttgarter Zeitung* v. 30. 7. 91). Als sie damit fertig sind, leisten sich die Musiker eine ganz besondere Belohnung: Sie fliegen nach Amerika. Doch nicht zum Urlaub, sondern um dem Album den letzten Schliff zu geben. Im Hollywood Sound Studio Los Angeles spielen die Michael-Jackson-Bläser Jerry Hey, Gary Grant, Marc Russo und Bill Reichenbach ein paar Sequenzen ein. Danach wird das Album im Masterfonics Studio Nashville abgemischt.

Würden sie jetzt in der Stuttgarter Region nur ein einziges Konzert geben, könnten sie bereits die Schleyer-Halle füllen. Das gibt Selbstvertrauen. Mit Recht, denn im Stuttgarter Raum sind PUR beliebt wie nie zuvor: Liederhalle ausverkauft, Ludwigsburger Forum längst zu klein, um die Fangemeinde aufzunehmen. In Pforzheim und Heilbronn prügeln sich die Fans um die letzten Konzertkarten.

150000 Mal geht das Album *Unendlich mehr* über den Ladentisch. Für die Nachfolgeplatte *Nichts ohne Grund* kann es nun nur noch eine einzige Steigerung geben: PUR fühlen sich jetzt reif für die erste Goldene Schallplatte. Die Musiker wollen sie mit aller Kraft. Und es könnte klappen, doch dafür müssen 250000 Stück eines Albums verkauft sein. Es muß klappen, denn die Gruppe hat ihr Publikum gefunden. Da ist es nur verständlich, wenn ein wenig die »wilden Jahre« gefeiert werden, PUR in dieser glücklichen Phase für den einen oder anderen Exzeß zu haben sind. Als die Single *Lena* zum ersten Super-Hit wird und als erfolgreichste Single in die Charts geht, stehen auch offizielle Ehrungen an: Hartmut erhält einen Texterpreis, und PUR bekommen für das Album *Nichts ohne Grund* den Preis der deutschen Schallplattenkritik.

Schon vor der *Nichts ohne Grund*-Tour 91/92 ernährt die »Firma PUR« zehn Menschen: Die fünf Musiker nebst den drei Chef-Roadies, die nach wie vor Gesellschafter sind. Dazu noch zwei Leute für Buchhaltung und Öffentlichkeitsarbeit. Weitere sechs Bühnenhelfer sind extra für die Tournee engagiert, auf der es gilt, das neue Album vorzustellen. Daß dann aus den Mitschnitten der Tour im folgenden Jahr 1992 das Album *Pur Live* entstehen wird, erstaunt nicht. Erstaunlich ist nur, daß es genau dieses »Nebenprodukt« sein wird, das PUR schließlich die erste goldene Schallplatte bescheren wird.

4

Unterwegs in Sachen Gold und Platin

1992. Eigentlich sollte es bloß ein »Pausenfüller« zwischen zwei Studioproduktionen werden. Von ihrer Tournee bringen PUR ein Andenken mit: ein Live-Album für diejenigen Fans, die nicht in der glücklichen Lage waren, ein Konzert besuchen zu können. »Die Leute haben uns immer schon auf eine Live-Platte angesprochen«, erklärt Joe. »Doch wir fühlten uns bisher noch etwas unsicher, ob wir die Songs tatsächlich so perfekt auf ein Live-Album bringen konnten, wie wir das wollten. Unser Produzent Dieter Falk ermutigte uns schließlich zu dem Versuch. Wir haben fünf Auftritte mitgeschnitten.« (*Stuttgarter Zeitung* v. 16. 9. 92)

Die Resonanz auf das Album *Pur Live* übertrifft alle Erwartungen. Zwei Wochen nach dem Einstieg in die Hitliste belegt die Platte schon Platz 47. Ein Einbruch des Aufwärtstrends ist nicht zu beobachten, und bis heute haben die Konzertmitschnitte 800 000 Käufer gefunden. Jetzt sind PUR aus der Popszene nicht mehr wegzudenken. Als eine der gefeiertsten deutschen Live-Bands aller Zeiten haben sich PUR in den letzten Jahren unbeirrbar einen festen Platz erobert. Im Jahr 1992 sind nur wenige Musiker erfolgreicher als PUR. Bald wird die Konkurrenz völlig ausgeschaltet sein. Klar, daß man sie jetzt auch im Norden der Republik kennt. Über 120 Konzerte der letzten Tour vor ausverkauften Hallen sprechen für sich.

1993. Wie unberechenbar das Geschäft ist, erfahren PUR mal wieder am eigenen Leib. Ausgerechnet für ihr Live-Album bekommen sie im März ihre erste Goldene. »Das ist etwas ganz Besonderes«, kommentiert Intercord-Chef Kollisch in seiner Ansprache. »Das Album ist die dritterfolgreichste deutsch gesungene Liveplatte aller Zeiten. Lediglich Marius Müller-Westernhagen und BAP hatten höhere Verkaufszahlen.« (*Bietigheimer Zeitung* v. 31. 3. 93)

Tatsächlich ein Wunder, denn in der Branche geht man normalerweise davon aus, daß von Konzertmit-

Guter Auftakt zur *Seiltänzertraum*-Tournee im Sommer 1993: Alle wollen ein Autogramm von Hartmut

schnitten maximal die Hälfte der üblichen Plattenverkaufszahlen erzielt werden.

Wie auch immer, das Resultat ist nicht zu übersehen: die erste Goldene Schallplatte. Von dem Tag, an dem man sie überreicht bekommt, träumt wohl jeder Popmusiker. Doch eigentlich haben die Leistung, die mit dieser Auszeichnung belohnt wird, die Fans erbracht. Denn als Voraussetzung für die Goldene gilt in Deutschland, daß mindestens 250 000 Menschen ein bestimmtes Album so gefällt, daß sie es kaufen.

The Show goes on. In der Villa Berg des Süddeutschen Rundfunks präsentieren PUR bald danach ihre neue Platte *Seiltänzertraum*. Auch hier ein kleines Wunder: Schon vor dem offiziellen Erscheinen sind von der Platte weit über 100 000 Stück verkauft. Die Produktionskosten sind also bereits vor dem ersten Verkaufstag wieder eingespielt. Überraschung auch bei der Band: »Es hat uns erstaunt, wieviel Wirbel um die neue Platte ›Seiltänzertraum‹ gemacht wird, das waren wir so auch nicht gewohnt. Aber nach 13 Jahren hat man so sein Ding gefunden, wie man damit umgeht. So wie wir das gemacht haben, ist das viel gesünder für den Kopf.« (*Rheinische Post* v. 27. 9. 93)

Erstaunen bei der Band auch, wie gut der Titel der CD, *Seitänzertraum*, ankommt. Gewiß, ein ungewöhnlicher Name für eine Platte, aber eben deshalb geheimnisvoll und Neugier erweckend. »In dem Moment, wenn alles sehr gut läuft, entwickeln sich bei mir auch Ängste, daß alles irgendwann mal vorbei sein könnte«, klärt Hartmut auf. »Je höher man kommt, um so tiefer kann man fallen. Das sind so die Ängste, die einen beschleichen, wenn man während der Tour nachts alleine im Hotelzimmer sitzt, der Applaus ist vorbei, und man weiß, daß es morgen wieder so wird. Dann frage ich mich schon: Wo soll das alles hinführen? Für mich ist Spaß das Wichtigste, und der läßt sich durch größeren Erfolg auch nicht steigern. Man darf den Spaß an der Sache nie verlieren: Nötigenfalls muß man Abstand vom Erfolg nehmen. Darum dreht es sich im Wesentlichen in dem Song.« (*Bravo* v. 16. 9. 93)

Der Spaß hat sich rentiert. *Seiltänzertraum* steigt bereits im August auf Platz 5 der Album-Charts und kurz drauf auf Platz 2. Die Platte erreicht in weniger als drei Wochen Goldstatus. Wo sich andere Musiker glücklich schätzen, vielleicht ein paar Wochen unter den Top 100 zu gastieren, haben sich PUR mit dem *Seiltänzertraum* in wenig mehr als 90 Wochen quasi einen Zweitwohnsitz in den Charts geschaffen. Jetzt sind PUR unerreicht; die Band steht vor allen internationalen Produktionen in den deutschen Charts.

Auch das bereits vergoldete Album *Pur Live* steigt wieder in die LP-Charts ein. Nach einem Antippen auf Platz 99 fällt die Platte wieder heraus, um die Woche darauf Platz 19 einzunehmen.

PUR steht an der Spitze. Im August spielen sie neben Stars wie Prince und Tina Turner beim »Rock over Germany Festival« auf dem alten Flughafen München-Riem. Vor 70 000 Fans. Hat man da bestimmte Erwartungen? »Das ist eine Prestigefrage. Mit Peter Maffay sind wir die einzige deutsche Band. Zum anderen ist es toll, mit großen Namen wie Tina oder Rod auf der Bühne zu stehen. Außerdem ist es sehr wichtig für uns, in München zu spielen.« (*AZ* v. 15. 7. 93) Es ist nur ein Zwischenspiel, denn im Herbst geht es auf die *Seiltänzertraum*-Tour, die bis ins Frühjahr des nächsten Jahres laufen wird.

Das Jahr 1993 erweist sich für die »guten Menschen aus Bietigheim« (*FAZ* v. 16. 5. 94) als bisher erfolgreichstes Jahr. Das Album *Seiltänzertraum* drängt alle vorherigen Erfolge in den Schatten. Allein in diesem Jahr haben sich über eine Million Fans eine PUR-Platte gekauft. Wie kommen die Musiker damit zurecht? »Aber wir wollten schließlich was erreichen«, lacht Sänger Hartmut (*Stern* v. 1. 9. 95). Es ist ihnen in der Tat gelungen. Sogar ganz ohne Hilfe der Medien. Wen interessieren denn auch schon ein paar Musiker aus dem Schwäbischen, die brav Steuern zahlen und nicht einmal in der Lage sind, im Whiskyrausch Hotelzimmer zu zertrümmern.

1994. PUR haben eine erfolgreiche Tour abgeschlossen. Schon wieder eine Million verkaufter Alben, die Platte *Seiltänzertraum* steht ganz oben auf dem Wunschzettel der Fans. Unfaßbar auch, wieviele Leute PUR live erlebt haben. Von einem Augenblick zum anderen sind die Musiker zu Superstars geworden. Nebenbei absolviert die Band einige Fernsehauftritte bei Shows und Preisverleihungen. Klar, daß es jetzt Preise hagelt: »ECHO-Preis« beispielsweise, »Goldene Stimmgabel«, »Goldener RTL-Löwe« und »RSH-Gold« – jeweils für das erfolgreiche Jahr 1994.

Wer denkt, PUR ruhten sich jetzt aus, der täuscht sich. Ein Video entsteht, das *Pur Live Video*. Und wer hätte es anders erwartet? PUR läßt nicht nur die CDs glänzen, sondern auch das Kaufvideo – zum Jahresende gibt es bereits auch dafür Gold. Vier Goldene und zwei Platinschallplatten haben PUR alleine für die letzten Alben kassiert. Die Band tanzt nicht mehr auf dem Seil; sie hat zum Abflug in ein abenteuerliches Land abgehoben.

Genau im Dezember 1994 erhält *Seiltänzertraum* Doppelplatin und steuert zielstrebig auf die 1,5 Millionen-Marke zu. Das bald zu erwartende Dreifachplatin ist eine Ehrung, die in Deutschland nur wenige Popgruppen erfahren – sieht man von der Kelly Family einmal ab.

Konkurrenz machen sich PUR hauptsächlich aus dem eigenen Hause, skurrilerweise mit den eigenen Alben. Jetzt läuft der Vertrag mit der PUR-Plattenfirma Intercord aus, und die Konzerne, die Majors stehen Schlange. Doch PUR bleiben auf dem Boden, halten der Firma, die sie auf dem Weg nach oben gefördert und unterstützt hat, die Treue. Zu optimalen Bedingungen wird der Vertrag verlängert. Neu formuliert über fünf Alben, mit einer Laufzeit bis ins Jahr 2001 hinein.

»In diesen Dimensionen verkauft zur Zeit in Deutschland nur noch Westernhagen«, staunt Intercord-Chef Kollisch zufrieden (*Stuttgarter Zeitung* v. 12. 12. 94). Täglich wird die unglaubliche Anzahl von 3000 bis 6000 CDs verkauft. Da verwundert es wohl kaum, wenn beispielsweise Rudis Eltern diesen traumhaften Erfolg noch immer nicht nachvollziehen können. Ihr besorgter Kommentar: »Rudi, leg dein Geld gut an.« (*Gala* v. 1. 6. 94)

1995. »Wir machen gute Songs, liefern ein gutes Album und machen eine Tournee – das ist alles.« (*Gong* v. 8. 9. 95) Das machen auch andere Bands, nur ohne Erfolg. Fast zwei Millionen Fans haben die Band auf der letzten Tour gesehen, das Album *Seiltänzertraum* ist jetzt seit zwei Jahren mit 1,5 Millionen verkauften Alben in den Charts plaziert.

Bald werden PUR vier Platin-Trophäen allein für dieses Album haben, als Prämie für zwei Millionen verkaufte Platten und zweijährigen Aufenthalt in den Top 100. Hat der Nachfolger *Abenteuerland* ähnliche Erfolgsaussichten? Natürlich ist die Erwartungshaltung der Fans riesig. Versteht sich ebenso, daß die Band vor dem Erscheinen der neuen Platte nervös ist. »Man hat immer ein wenig Bammel bevor man loslegt, egal, ob eine neue CD auf den Markt kommt, oder ob man auf Tour geht«, sagt Hartmut. »Aber wir haben auch unser eigenes Test-System, es gibt ein paar ganz alte Freunde, die uns sehr ehrlich sagen, was sie von unserer Arbeit halten, wenn wir sie ihnen vorspielen.« (*Music News* 9/95)

Macht der Erfolg des letzten Albums einen nicht lockerer, oder wird der Erfolgsdruck zur Belastung? Für Hartmut eher das Zweite: »Der Druck war für mich so groß, daß ich die Woche vor Beginn der Aufnahmen zu *Abenteuerland* nicht mehr schlafen konnte. Ich hatte nur noch Angst, daß mir nichts mehr einfällt.« (*Fachblatt Musikmagazin* 11/95)

Was nun trotz aller Bedenken folgt, ist eine nur schwer faßbare Sensation: Bereits vor dem Erscheinen des Albums *Abenteuerland*, liegen bereits 500 000 Bestellungen vor – die neue PUR-CD erhält Platin noch im Preßwerk. Zudem hat die neue Single *Ich lieb dich (egal wie das klingt)* in der Hitparade Platz zehn erreicht. Natürlich reiben sich da die Plattenverkäufer die Hände. Daß sie allen Grund dazu haben, rechnet *Musikwoche*-Chefredakteur Manfred Gillig-Degrave vor: »Es ist wahrlich ein schier unglaubliches Phänomen: Der Handel bekam die diesjährige Sommerflaute in der Regel besonders herb zu spüren, und auch jetzt, nachdem die Herbstsaison startet, klagt noch so mancher Händler über eher schleppende Verkäufe. Zum Glück aber gibt es PUR, denn diese Band stellt mit ihrem Album *Abenteuerland* neue Rekorde auf. Seit Veröffentlichung am 21. August bis zum 21. September, also in vier Wochen, hat Intercord rund 1,3 Millionen Alben verkauft. Das dürfte einen Eintrag ins Buch der Rekorde rechtfertigen: *Abenteuerland* ist vermutlich schon jetzt das Album, von dem in kürzester Zeit am meisten Einheiten in Deutschland weggingen. Bei 28 Arbeitstagen (Samstage mit dabei) ergibt das eine Taktrate von einem verkauften Album alle zwei Sekunden. Gehen wir aber mal von einer Ladenöffnungszeit von insgesamt neun Stunden am Tag (am Samstag fünf) aus, dann erhöht sich die Verkaufsfrequenz: In insgesamt 236 Stunden oder umgerechnet 849600 Sekunden wurden rund 1,3 Millionen PUR-Alben verkauft – macht nach Adam Riese ziemlich genau drei verkaufte Alben alle zwei Sekunden. Und drei Alben alle zwei Sekunden addieren sich auf gut 90 Stück pro Minute. Verglichen mit anderen Meßgrößen, beispielsweise dem Ausschüttungsbetrag der GVL für mechanische Rechte pro Sendeminute, ist dies ein verdammt guter Schnitt – willkommen im Abenteuerland. Doch ich gerate ins Schwärmen. Denn Tatsache ist: So etwas gab's noch nie. Und dabei hat die große PUR-Tour noch gar nicht angefangen.« (*Musikwoche* v. 2. 10. 95)

Zur neuen Single *Ich lieb dich (egal wie das klingt)* läßt die Plattenfirma Intercord einen Videoclip herstellen. Er kostet immerhin 150000 Mark, ist also eine relativ aufwendige Produktion. Bei VIVA kommt der Clip in die begehrte A-Playlist mit 27 Einsätzen pro Woche – der Aufwand hat sich rentiert. Wie kommt man mit so viel Erfolg klar? Schnappt man zwangsläufig über? Hartmut formuliert es diplomatisch: »Wir haben uns in den Kopf gesetzt, ganz normale Typen zu bleiben. Das fällt nicht immer leicht.« (*Gala* v. 19. 10. 95)

Ablenkung schafft da die neue Tournee, die *Abenteuerland*-Tour 95/96. Der Einstieg in die neue Tour gelingt den Profi-Musikern ohne Mühe; sie wissen, daß sie die knapp hundert Konzerte ohne großen Streß durchziehen können. Fast jedes Konzert ist ausverkauft. Die PUR-Musiker machen mehr Umsatz als Herbert Grönemeyer. Das ungewohnte Interesse, das ihnen nun von allen Seiten entgegengebracht wird, macht ihnen manchmal ganz schön zu schaffen. Nicht die Konzerte strengen an, sondern der Ansturm der Medien mit ihren Anfragen nach Exklusivinterviews. Wen nehmen, wen ablehnen? Die Entscheidung fällt da oft schwer, denn jede Zeitung, die einen PUR-Bericht bringt, steigert den Anstieg der Plattenverkäufe. Also beinhart sein, Augen zu und durch. In einem Münchner Hotel beispielsweise wird Hartmut mehrere Tage lang von Journalisten buchstäblich verhört – 15 am Tag, im 20-Minuten-Takt; das sind fünf Stunden am Stück, Pausen nicht berücksichtigt. »Ich wußte danach kaum mehr, wo mir der Kopf steht«, klagt er erschöpft (*Stuttgarter Zeitung* v. 16. 8. 95). Das ist der Preis des Erfolges.

Bereits 1991 haben PUR die Firma Live Act Music gegründet, die sich um die geschäftliche Seite der Gruppe kümmert. Firmenchef Roland: »Ich bin wohl der einzige Musiker in Deutschland, der in unserer Spielklasse zugleich auf der Bühne steht und als Manager hinter dem Schreibtisch sitzt.« (*WOM Journal* 12/95) Tatsächlich ist Roland Schlagzeuger und Chef-Manager zugleich. Er führt die Geschäfte für die Band. 1995 vergrößert sich die Firma: Live Act Music gründet eine Niederlassung in Frankfurt. Zudem suchen PUR jetzt Werbepartner, getreu dem uralten Motto »Wer A sagt, muß auch B sagen«.

Nur Joe und Rudi haben jede Menge Zeit, wenn PUR nicht touren. Sie können neue Ideen sammeln, während die anderen sie in ein neues Album umsetzen. Hartmut textet, Ingo komponiert und Roland kümmert sich um das Geschäft. Seine Firma Live Act Music organisiert die Tour-Konzerte und Open-airs in Zusammenarbeit mit den örtlichen Veranstaltern. Eine neue Herausforderung, denn PUR wächst während der Tour auf einen 50-Mann-Betrieb.

Das Erstaunliche an PUR bleibt jedoch bei allem Erfolg, daß noch kein Mitglied größenwahnsinnig geworden ist.

»Der Alltag holt dich ganz schnell wieder auf den Boden der Tatsachen zurück«, erzählt Joe (*Hamburger Morgenpost* v. 20. 10. 95). Dabei verkaufen PUR in Deutschland mehr Platten als die Stones, die sich mit *Voodoo Lounge* nur 20 Wochen in den Charts halten können. »Es gibt nur noch einen deutschen Rockmusiker, der mehr verkauft als PUR«, berichtet Intercord-Chef Kollisch schmunzelnd (*Stuttgarter Zeitung* v. 16. 8. 95) – immerhin profitiert auch er vom Band-Umsatz. Und auch Hartmut feixt, jede mögliche Konkurrenz weit hinter sich gelassen zu haben: »Am meisten freut es mich, daß Michael Jackson trotz der ganzen Aufregung um seinen Auftritt in ›Wetten daß ...‹ nur halb so viele CDs in Deutschland verkauft wie wir«, sagt er. (*Stuttgarter Zeitung* v. 11. 11. 95)

In den Plattenabteilungen der Warenhäuser gibt es seit Monaten nur noch ein einziges Thema: PUR. Bei Karstadt heißt es: »So einen Abverkauf habe ich in den letzten zweieinhalb Jahren noch nicht erlebt.« Auch bei Saturn ist man platt: »PUR läuft gigantisch. Wir mußten schon zweimal nachbestellen.« Und Media Markt stimmt widerspruchslos ein: »Am ersten Tag brach ein richtiger Run auf das Album aus. Die Nachfrage reißt nicht ab.« Die Kaufhäuser präsentieren PUR, PUR und noch mal PUR. Schon an den Eingängen weisen Tafeln in die richtige Abteilung, wo sich dann die Alben gleich an den Kassen stapeln.

Im Jahr 1995 wird die PUR-Plattenfirma Intercord von EMI London gekauft; jetzt heißt sie Intercord Tonträger GmbH. Besorgte Stimmen fragen sich sogleich, ob der

Deal irgendwelche Auswirkungen haben wird? »Es soll sich gar nichts ändern. Intercord bleibt trotz aller Gerüchte in Stuttgart. Unser Geschäftsführer wird seine Bilanz am Jahresende eben nicht dem Holtzbrink-Verlag vorlegen, sondern EMI London. Unser Vertrag läuft noch bis zum Jahre 2001 und über fünf Langspielplatten, und unterzeichnet wurde er, bevor diese Transaktion stattfand. EMI hat sicherlich kein Interesse daran, die Sache zu kippen, weil PUR einfach einer der umsatzstärksten Vertragspartner ist«, beruhigt die Band ängstliche Frager (*Bietigheimer Zeitung* v. 8. 8. 94).

Auch an der Zusammensetzung der Gruppe PUR wird sich nichts ändern. Obwohl – vielleicht reizt Frontmann Hartmut eine eigene Solo-Karriere ohne die anderen? »Ich würde zwar gerne mal ein englischsprachiges Album aufnehmen«, räumt er ein, um gleich wieder zu beschwichtigen. »Aber nur aus Liebhaberei. Deutschsprachig kann ich nichts besser machen als mit PUR.« (*Fachblatt Musikmagazin* 11/95)

5

Man kann doch drüber singen

Hauptanziehungspunkt der PUR-Songs sind ganz ohne Zweifel die Texte, genauer gesagt Hartmuts Texte. *Funkelperlenaugen* oder auch *Hab' mich wieder mal an dir betrunken* sind lange Zeit die Lieblingsstücke der Radiosender. Die deutschen Texte, die fast völlig ohne erhobenen Zeigefinger auskommen, aber auf spielerische Art soziale Mißstände aufzeigen, spielen dabei eine bedeutende Rolle. Besonderes Gewicht legt Sänger und Texter Hartmut dabei auf die Wortwahl. Die Texte lassen sich leicht einprägen – im Konzert jedenfalls wird jede Zeile mitgesungen.

Schon früh beginnen PUR, die Texte in den Vordergrund zu stellen; zur LP *Wie im Film* beispielsweise erklären sie: »Das Album enthält zehn akustische Filme. Die Bilder dazu soll sich jeder in Gedanken selbst entwerfen.« (*Musik Markt* v. 1. 10. 88) Das dürfte das geringste Problem sein, denn die Texte regen gerade dazu an, sich davon Bilder zu machen, die das eigene Kino im Kopf speisen.

Besonders einfach wird das, wenn Hartmut nette Gereimtheiten dazu liefert, wie beispielsweise »Verführer« und »Verlierer«, »Feuer« und »teuer«, »Lust« und »Frust«.

Dabei ist er jedoch stets bemüht, Rückgrat zu zeigen und Nachdenklichkeit zu artikulieren. Das gilt auch für das neue Album *Abenteuerland*. Selbst wenn diese CD mit dem vermehrten Einsatz von Gitarren rockiger ist als ihre Vorgänger, lieben die Fans sie hauptsächlich wegen der Texte.

Klar, daß die Band auch Neider hat. Unangenehm besonders, wenn diese Leute Musikredakteure sind, und auf die PUR-Texte losgehen wie auf politische Parolen. Die folgenden Beispiele zeigen, daß PUR nicht nur Bewunderer haben:

»Um so enttäuschender die vorgestellte A-Seite ihrer ersten Single (bei einer offiziellen Schallplattenfirma): ›Hab' mich wieder mal an dir betrunken‹. Der Text: eine laue Liebeserklärung; die Musik: fad, kommerziell, geradezu von popiger Sterilität. Nichts ist zu spüren von der rhythmischen oder harmonischen Originalität, die den Sound der PURitaner so faszinierend macht. Hoffentlich ist solches nicht der endgültige Preis für die wachsende Popularisierung der fünf smarten Rocker. Rasch würde aus der PURen Musik eine Musik ›poor‹.« (*Bietigheimer Zeitung* v. 23. 2. 87)

»Wo ist nur die bissige Originalität von Songs wie ›Wenn der Wind sich dreht‹ geblieben? Die Band spielt das Lied, aber im Vordergrund stehen nun einmal die Stücke vom neuen Album ›Nichts ohne Grund‹. Es enthält den PUR-typischen Mix aus heimeligen Liebessongs und kritischen Versen, nur leider nicht mehr ganz so frech. Der Titelsong, eine Auseinandersetzung mit einem Menschen, der für alles einen (rationalen) Grund hat und so ›tierisch konsequent‹ ist, dieser Song ist als Gesellschaftssatire nur ein müder Abklatsch früherer Songs.« (Kölner Stadt-Anzeiger v. 9. 1. 92)

»Parodierte die Band früher die Ratgeber-Kolumne in der Regenbogenpresse mit einem Lied wie ›Irene‹, so übernimmt sie heute selbst jene Lebensberatung, die alles so einfach mit gutem Willen lösbar erscheinen läßt.« (*FAZ* v. 16. 5. 94)

Man darf diese Stimmen natürlich nicht überbewerten. Die positive Seite der PUR-Texte spricht für sich selbst.

Der Band und vor allem Texter Hartmut gelingt es immer wieder, durch persönliches Engagement interessante Texte zu machen. Und das in einer Zeit, in der es so schwierig wie nie ist, sich auf deutsche Texte zu stützen. Die Auswahl der Themen betrifft viele Zuhörer ganz persönlich. Zumindest aber treffen sie Bereiche, die niemanden kaltlassen. Da ist zum Beispiel der Song über sexuellen Mißbrauch von Mädchen (*Anonyme Opfer*), der über einen Langzeitarbeitslosen (*Nutzlos*) oder das Lied über Alte, an die keiner mehr denkt (*Wenn sie diesen Tango hört*). Alles Themen, mit denen sich PUR eine breite Masse an Fans erschließen, ohne damit auf das Niveau der Regenbogenpresse abzustürzen. Das Wort »Gesellschaftskritik« gefällt Hartmut nicht sonderlich, das klingt ihm schon »viel zu sehr nach Betroffenheitsrock«. (*Gong* v. 8. 9. 95) Doch ganz von der Hand weisen kann man die grobe Richtung nicht, denn die kritische Betrachtung unseres Sozialgefüges macht nun mal betroffen. Zwangsläufig, denn Hartmut ist kein Ignorant: »Du siehst das Unrecht – überall auf der Welt Krieg und Leid, und du fühlst dich total ohnmächtig. Und die meisten Menschen schauen gleichgültig weg. Es ist wichtig, mal mit der Faust auf den Tisch zu hauen und Position zu beziehen. Das muß man rechtzeitig tun – bevor es zu spät ist.« (*Bravo* v. 28. 9. 95)

Mit dieser Einstellung als Background trauen sich PUR auch hinter den oberflächlich glatten Schein. Sie erzählen staunend von der Rückseite des Lebens, ermutigen immer wieder, trotz aller Hindernisse niemals aufzugeben, egal, um was es geht. So, wie sie es selbst gemacht haben, als sie ihre Musik einfach durchgezogen haben, aller Kritik und allen Hindernissen zum Trotz – denn in die Wiege gelegt wurde den Musikern der Erfolg ja auch nicht. Dabei ist Hartmut aber trotzdem ein Träumer geblieben. Ob der PUR-Erfolg gerade in der romantischen Einstellung Hartmuts begründet ist? »Was mich persönlich am Leben am meisten interessiert sind immer zwischenmenschliche Dinge; wie Menschen miteinander umgehen, was sie warum zueinander sagen«, verrät er (*Bietigheimer Zeitung* v. 19. 8. 95).

So singt Hartmut eben über Dinge, die die Leute bewegen: über Tod, menschliche Nähe, Geilheit, Schlußmachen, Aufrichtigkeit, Alleinsein, Grauhaarigkeit, Rechtsradikale und Zusammenhalt, um nur ein paar Themen aufzuzählen. Was PUR zu sagen haben, wird auch gesungen – aber immer mit der eigenen Erfahrung durchmischt, also authentisch und glaubwürdig. Hartmut bringt die PUR-Wahrheit so unverfälscht pur rüber, als hätte er tatsächlich jedes einzelne Detail seiner Texte selbst erfahren. Seine Art zu singen ermöglicht es dem Publikum, sich selbst wie in einem Spiegel wiederzuerkennen. Es bleibt nicht anderes übrig, als festzustellen, daß es die PUR-Texte in sich haben. Viel Hartmut ist darin zu spüren, viel Mensch und vor allem viel Mut. Denn der gehört dazu, seine eigene Einstellung so offen aufs Tablett zu legen. »Es stimmt, meine Texte sind sehr persönlich. Das ist manchmal ein Problem für mich, weil die Leute sehr weit in mein Seelenleben blicken können. Man gibt sehr viel von sich preis, aber ich glaube, deshalb wirken die Stücke und vor allem die Texte sehr authentisch und ehrlich.« (*Bravo* v. 16. 9. 93)

Wie wird man dann Frontmann, mit solchen Skrupeln? »Sänger sein wurde mir in die Wiege gelegt«, witzelt Hartmut. »Dafür braucht man Profilneurosen und ein übersteigertes Ego. Vor zigtausend Leuten singen ist meine Form von Therapie.« (*Kölner Express* v. 15. 4. 94) In jedem Scherz liegt auch ein Stück Wahrheit. Im Song kommt es nicht ganz so direkt, eher humorig. So wie in *Ungeheuer,* einer Nabelschau Hartmuts, der sich darin so gerne einmal mit Spaghettisoße bekleckern will, und nicht ständig vor seinen Fans und den Medien auf der Hut sein möchte.

Authentischen Bezug hat auch der Titelsong des Albums *Seiltänzertraum*. Es geht um einen Alptraum, der sich zum Guten wendet; kurz gesagt, um die Schwierigkeit, als Musiker seine Balance zu finden. Doch PUR besteht nicht nur aus Hartmut, PUR funktioniert als Band. Wie gut diese Basis ist, zeigt sich am Album *Abenteuerland*. Das Werk kann getrost als das Ergebnis der jüngsten PUR-Entwicklung gelten. Mit allen privaten Veränderungen bei sich selbst und bei den Menschen, mit denen sie zu tun haben. Das ist keine Floskel, denn PUR suchen nicht krampfhaft nach Themen, sondern besingen, was offen vor den Augen der Musiker abläuft. So ähnlich geschieht das auch im Titelsong *Abenteuerland*. Selbst, wenn dafür ein wenig die Vergangenheit bemüht werden muß: »Die Idee zum Song kam mir, als ich in einer Schublade ein altes Schulheft fand. Darin hatte ich als Achtjähriger ein Märchen über meinen ersten Füller geschrieben. Während ich das las, wurde langsam meine Kinderzeit wieder lebendig. Ich erkannte, wie spannend und abenteuerlich das Leben damals war, als ich an einem Tag ein Indianer und am nächsten Captain Hook war. Ich entdeckte das weite Land meiner Phantasie neu. Und von da an flossen auch die Worte aufs Papier.« (*Bravo* v. 28. 9. 95)

Fließen die Wörter auch bei der Aufarbeitung eigener Liebesaffären locker aufs Papier? Die Single *Hab' mich wieder mal an dir betrunken* beispielsweise ist ein Liebeslied mit wirklich ausgefallenem Text. Völlig anders ist *Ganz tief*, das eine Liebesszene am Strand schildert. *Lena*, eine weitere ausgekoppelte Single, ist nur scheinbar ein herkömmliches Liebeslied, denn *Lena* ist, ebenso wie *Prinzessin*, Hartmuts damalige Frau Ute.

Selbsterfahrenes wird auch in dem Stück *Weißt du noch* verarbeitet. Wegen seiner ersten Liebe ist Hartmut angeblich im Liebeskummer gegen eine Weinbergmauer gefahren. Ob mit privatem oder erfundenem Hintergrund – PUR-Liebeslieder haben alle eines gemeinsam: es sind keine Schnulzen, was immer man darunter auch verstehen mag. Ganz im Gegenteil schaffte es Hartmut immer wieder, eindringliche Wörter zu mischen, zu einem fast schon poetischen Cocktail, der weder gerührt noch geschüttelt werden muß. Es sind Hartmuts Texte, und jeder spürt das. Klar, daß er ohne nachzusehen sofort sagen kann, wie es zu einem bestimmten Text gekommen ist. Wann er ihn wo und warum geschrieben hat. Genau das ist es, was die Fans spüren, ohne daß es extra betont werden muß.

Und wie entstehen diese Texte? »Ich mache die Rolläden runter, sitze zehn Stunden am Schreibtisch.« (*Kölner Express* v. 15. 4. 94) Im Kreativbereich seines Hauses im zweiten Stock unter dem Dach.

Das klingt nach Schweiß und Tränen. Waren da nicht irgendwo diese Zauberwörter wie Götterfunke, Eingebung und Inspiration? »Ja, auf jeden Fall. Aber es ist Arbeit, von ganz alleine kommen die wenigsten Sachen.« (*Bietigheimer Zeitung* v. 19. 8. 95)

Das gelingt nur hin und wieder, wie er wenig später einräumt. »Die Worte liegen manchmal einfach ganz unerklärlich da.« (*Stern* v. 1. 9. 95) Das kann auch mal beim Sitzen im Bus, im Auto oder im Flugzeug geschehen. Unangemeldet, ungewollt, ohne Bestellung. Viele besonders gute Ideen können erst dann entstehen, wenn das Gehirn abgeschaltet ist, in einer Art Dämmerzustand. Meist läuft es jedoch wie folgt ab: »Ich setze mich einfach morgens um 10 Uhr ins Büro, habe vielleicht die Demo-Kassette von Ingo mit Musik-Fragmenten und fange an, mich in so eine Art Trance reinzudenken. Ich verdunkle vollkommen, habe eine Lampe auf dem weißen Blatt Papier und den Kassettenrekorder vor mir. Ich habe abgeschlossen und das Telefon abgestellt. Das dauert dann manchmal ein, zwei Stunden, bis ich richtig drin bin im Thema.« (*Bietigheimer Zeitung* v. 19. 8. 95)

Das kann man natürlich nicht sieben Tage in der Woche machen, oder zwölf Monate im Jahr. Pausen sind einfach nötig, sonst geht es so wie vor dem *Abenteuerland*-Album: »Wir sind nach der letzten ›Seiltänzertraum‹-Tour ziemlich ausgepowert gewesen und mußten echt ausspannen. Und als ich im Oktober 94 anfing, neue Songs zu schreiben, saß ich wochenlang am Schreibtisch, ohne daß mir eine vernünftige Idee kam. Ich fühlte mich zu sehr unter Druck. Erst Anfang Dezember platzte der Knoten. Da lief es wie am Schnürchen. Im März hatten wir schließlich alle Songs fertig im Kasten.« (*Bravo* v. 26. 7. 95)

Und das ist gut so. Denn mit dem Album *Abenteuerland* bricht eine neue Zeitspanne für PUR an. Noch nie war es für Hartmut so kompliziert, die Texte aufs Papier zu bringen. Noch nie hat es Hartmut gewagt, so viel von sich selbst preiszugeben. Ob glückliche Momente oder tiefste Depression – immer ist es die ganz persönliche Verfassung Hartmuts, die sich in den Texten spiegelt.

Zwei Stars der deutschen Musikszene: Hartmut (rechts) mit »Prinzen«-Frontmann Sebastian

Vorderseite:
Gefühlvolle Miene – geballte Faust: Hartmut, wie die Fans ihn lieben

Bassist Joe Crawford in seinem Element; den Harley-Fan erkennt man an seiner Mütze

Goldene Stimmgabel«-
'erleihung 1993 für das
rfolgreiche Album
Seiltänzertraum«

flicht in jedem Konzert:
lartmut singt den
ntinazi-Song
Bis der Wind sich dreht«

Hoch das Bein – Joe, Ingo, Hartmut, Roland und Rudi zeigen, was sie noch draufhaben

Rechts:
Rudi ist studierter Gitarrist – wenn es die Zeit erlaubt, unterrichtet er noch heute

Hartmut in »Kowalski«; der PUR-Dauertourist hat zu jeder Jahreszeit Saison

Große Halle, großer Zauber: Ingo, Hartmut, Roland, Joe und Rudi in einem Konzert der »Seiltänzertraum«-Tour im Februar 1994 (von rechts)

Oben: **Was Hartmut zu sagen hat, bringt er mit ganzem Herzen; im Hintergrund Rudi, Ingo, Roland und Joe (von rechts) – Unten: Hartmut reist 1989 als »Kowalski«-Urlauber auf die Berliner Funkausstellung (hinten Ingo und Joe)**

Abenteuergeschichten? Alles erstunken und erlogen? Eben genau nicht. Gerade, wenn andere in einer solchen Situation flunkern würden – Hartmut tut es nicht. Ehrlichkeit ist für ihn oberstes Gebot. Klar gibt es Kritiker, die einwenden, PUR lulle seine Fans ein, indem sie irgendwas Eingängiges singen, das möglichst alle interessiert, und dann die Hand aufhalten zum Abkassieren. Mit solchen Statements kann man Hartmut wirklich auf die Palme bringen. Denn Zynismus ist eine Spielart, die er überhaupt nicht beherrscht. Nochmals, das ist gut so.

Dazu kommt, daß Hartmut schließlich nicht ganz alleine über die Texte entscheiden kann. Jeder in der Band soll ja auch textlich hinter jedem Song stehen. Da wird natürlich hin und wieder kräftig diskutiert, zum Vorteil der Texte. »Er schreibt die Texte immer passend zur Atmosphäre ins Metrum ein. Der Hartmut wird beim Texten wirklich zum Chamäleon, der sich sofort in Melodien einfinden kann«, bewundert Ingo seinen Bandkollegen (*Südwestpresse* v. 21. 8. 93).

Wann immer es ihm möglich ist, diskutiert Hartmut mit den Fans über die Texte. Und nicht nur mit ihnen. Das ist wichtig für die weitere Entwicklung der Texte. Auch zum Abchecken der Bedürfnisse, um zu wissen, was die Leute wirklich interessiert. Ab und zu wird er sogar von Schulen eingeladen. Und manchmal muß er sogar sein Germanistikstudium wieder aufwärmen, wenn es darum geht, in Litaraturkursen über die Texte zu streiten.

Soviel Bewunderung darf auch einmal übermütig machen. Man mag Hartmut verzeihen, wie er sich in einem Rundumschlag über die Konkurrenz äußert. »BAP hat aufgehört, Songs zu schreiben, die beim Konsumenten hängenbleiben. So schmissige Sachen wie ›Verdamp lang her‹ sind einfach nicht mehr dabei ... Bei Herbert Grönemeyer versteht man fast gar nichts mehr. Der instrumentiert so, daß seine Texte und sein Gesang absolut in den Hintergrund gedrängt werden ... Ich liebe Heinz Rudolf Kunze. Vor allem seine Texte. Aber die sind mir zu intellektuell. Dafür braucht man ja eine hohe germanistische Bildung. Ich schreibe Gebrauchslyrik.« (*Tango* v. 12. 1. 95)

Von anderen Kollegen hält Hartmut weit mehr. Längst schon schreibt er auch für andere Musiker, beispielsweise für Peter Maffay. Mit seinem Bandkollegen Ingo gastiert Hartmut übrigens auch im Reinhard Mey-Album *Alles geht!*

Die mehrfache Co-Autorenschaft bei Peter Maffay bereitet Hartmut keine Mühe – im Gegenteil. »Man lernt sehr viel, wenn man mit Peter zusammenarbeitet, und es macht viel Spaß. Seinen großen Hit ›Tiefer‹ haben wir zusammen geschrieben.« (*Rheinische Post* v. 27. 9. 93) Die vielen Schallplatten aus Gold und Platin zeigen, daß es sich auch rentiert hat; einige sind für die Mitarbeit an Peter Maffays Alben.

Zum 50. Geburtstag von Reinhard Mey vertonen Hartmut und Ingo dessen Lied von *Der Mann im Fenster*. Doch damit nicht genug: Auch für Travestiestar Mary dichtet Hartmut: »Heute ist Frauentag in der Sauna, wie schon der Name sagt, sind da nur Frau'n da.

Der Pförtner kontrolliert nur mein Make-up, dann darf ich rein. Ihr solltet nur mal hör'n, wie dann die Mädels schreien.« (*Focus* v. 10. 7. 95)

Deutsche Texte sind ihre Domäne. PUR wollten nie etwas anderes singen, von Anfang an. »Wir haben es nicht nötig, uns hinter wohlklingendem Englisch zu verstecken!« (*AZ* v. 5. 5. 94)

Darüber hinaus sind die Texte oft sehr einfühlsam, von einer leichten, wolkigen Art. Sieht Hartmut sich als Dichter? »Nein, das ist zu viel. Wenn ich was ganz Außergewöhnliches texte, wie zum Beispiel den Song ›Die Ruhe‹, berausche ich mich am Klang der Wörter, und das wirkt dann vielleicht auch poetisch. Ich arbeite nicht aus dem hohlen Bauch raus. Aber alles Wissen nützt nichts, wenn du keine Ideen hast.« (*Bietigheimer Zeitung* v. 19. 8. 95)

Rock- und Pop-Poesie. Da versteht es sich, daß es PUR am Herzen liegt, die Texte bei den Konzerten nicht im Jubel untergehen zu lassen, sondern akustisch verstanden zu werden. »Wenn ihr bitte still sein könnt«, ermahnt dann Hartmut hin und wieder die kreischenden Fans, »daß man lauschen kann«. PUR-Songs wollen nachdenklich stimmen, ohne Futter für intellektuelle Spielchen zu sein.

Dialekt – kein Thema. Haben sie nie daran gedacht, in heimatlicher Mundart zu singen, so wie BAP? »Ich glaube nicht, daß man ernsthafte Texte auf schwäbisch rüberbringen kann«, lehnt Hartmut ab. »Dafür klingt unser Dialekt viel zu nett. Außerdem würden uns viele

Leute nicht mehr verstehen.« (*Bild und Funk* v. 1. 9. 95) Zum ersten Mal hat PUR im Album *Seiltänzertraum* auch einen Text von Reinhard Mey aufgenommen. »Ich habe den Text ›Der Mann am Fenster‹ bei Peter Maffay gefunden und ihn mitgenommen. Wir haben das Ding vertont, und Reinhard meinte, macht es doch auf die Platte drauf, ist doch schade, wenn es keiner hört. Es ist eine tolle Geschichte«, findet Hartmut. »Ich kann in manchen Situation mich auch schon mit dreißig so fühlen. Das Interessante am Leben ist doch, daß man sich mal wie 18 fühlt und manchmal wie 50. » (*Rheinische Post* v. 27. 9. 93)

6

Heikle Themen, am Rande

PUR zertrümmern weder Hotelzimmer, noch schwängern die Musiker ihre weiblichen Fans. Skandale gibt es nicht. Sollte es intern doch einmal kriseln, dringt davon nichts nach außen durch. Die vornehme Dezenz wird manchmal auch Joe zu viel: »Wir müßten wohl mehr saufen, um den Titel Rockband tragen zu dürfen«, philosophiert er (*Hamburger Morgenpost* v. 20. 10. 95).

Zum Glück tun sie es nicht. Ganz im Gegenteil, fast könnte man meinen, PUR haben den Heiligenschein abonniert. Zum Beispiel beim Lied *Anonyme Opfer*, das er mit den Worten »Manchmal ist es schwer, sich nicht zu schämen, ein Mann zu sein« ankündigt. Zugegeben, der Song behandelt ein besonders ernstes Thema, den sexuellen Mißbrauch von Mädchen. Sicherlich kamen Tausende von positiven Reaktionen auf das Lied. Doch es ist wieder ein anderes Thema, sich deshalb seines eigenen Geschlechts zu schämen, und der Verdacht liegt nahe, daß hier bei den weiblichen Fans Pluspunkte gesammelt werden sollen.

Viel mutiger dagegen ist das Engagement der Gruppe gegen den Rechtsruck, wenn sich PUR mit dem Erbe der Nazis beschäftigen und das für die heutige Jugend treffend auf den Punkt bringen. Auch keine leichte Kost, aber das wollen sie ja gar nicht, immer nur an der Oberfläche dahinschlittern, denn das möchte das PUR-Publikum auch nicht. Den Fans geradezu an die Nieren geht der Song *Leben*, zu dem Hartmut durch den Spielberg-Film *Schindlers Liste* inspiriert wurde. Der Ruf nach mehr Menschlichkeit kommt an, die persönliche Erschütterung des Kinobesuchers Hartmut wird von dem Gros der Zuhörer geteilt. Schade nur, daß kein Text die Greueltaten in Ex-Jugoslawien reflektiert. Denn auch da gibt es Henker, Mordbefehle, Schreie, Gruben voller Leichen. Auch dort findet sich derselbe Hintergrund des menschenverachtenden Irrsinns, der den Wert des Lebens anulliert.

Scharf beobachtet und gegenwartsbezogen ist dafür der Song über den Rechtsschwenk bei uns. *Neue Brücken* hat mehrere wirklich gelungene Textpassagen, wie »Schnaps im Kopf, Geist im Glas«. Das Lied ist keine Fortsetzung des Anti-Nazi-Songs *Bis der Wind sich dreht*. Es ist weit mehr, nähmlich ein Versöhnungsangebot auch an diejenigen, die aus dem Rechtstrend aussteigen wollen. Schön, daß solche Lieder auf einmal wichtig werden. Und daß das Zuhören lohnt. Man sollte ihn tatsächlich immer wieder hören, den PUR-Song gegen Faschismus und Volkshetze *Bis der Wind sich dreht*. Auf der Bühne ist er fester Bestandteil des Programms, Hartmut in Ledermantel und Offiziersmütze; grollender Donner der Akkorde, bedrohlich disharmonisch gespielt. Man kann schon Angst bekommen, bei dem harten Stampfrhythmus, der »gewisse gesellschaftliche Entwicklungen« veranschaulichen soll.

Eine Show, die aber – obgleich parodistisch gemeint – manchmal Gefahr läuft, zu realistisch zu wirken. Wenn Hartmut die geballte Faust erhebt, und einige im Saal das ebenso machen, wenn sich das Tonbandgeschrei des Volks aus dem Lautsprecher mit dem Gekreische der Fans vermischt, und wenn das rhythmische Stampfen, das die gesamte Nummer begleitet, in begeistertes Klatschen der Zuhörer übergeht, welche Überlegung drängt sich da auf? Es stimmt wirklich nachdenklich, wie leicht da ein an sich gut gemeintes Anliegen entgleisen kann und sich ins Gegenteil verselbständigen kann. Sicherlich ist dies eine besonders heikle Passage in den Konzerten, in denen doch auch Zwölfjährige stehen, die das gut finden könnten, wie da ganz kollektiv »die Sau abgeht«. Man muß entlastend für PUR davon ausgehen, daß ihnen selbst nicht so ganz wohl bei diesem Song ist, denn es ist ein wackliges Balancieren auf einem dünnen Seil.

Weit teeniegerechter erscheint die Präsentation der ganz privaten, eigenen Misere. Hartmut ist geschieden. Tut das weh? »Mittlerweile nicht mehr«, erzählt er (*Kölner Express* v. 15. 4. 94). Der Song *Es tut weh* ist Hartmuts ganz privater Rachefeldzug gegen die Ex-Gattin Ute. War sie einst noch *Lena* oder *Prinzessin*, ist der Haussegen inzwischen ordentlich verrutscht. »Meine Ehe mit Ute ging nach zwei Jahren in die Brüche. Das war eine Zeit, wo ich total in der Krise steckte. Ich war verletzt, geknickt, enttäuscht, habe gelitten wie ein Hund«, bekennt Hartmut (*Bild und Funk* v. 1. 9. 95).

Und – er macht das Naheliegendste und verarbeitet sein Problem in einem Song. Nicht nur über das spezielle Ute-Dilemma, sondern der Song paßt für jeden andern, der in einer ähnlichen Lage ist. »Im Song geht's um eine zerbrochene Liebe, um Trennung und Scheidung. Ich habe mich letztes Jahr scheiden lassen. Wenn man so etwas erlebt, bleiben Narben zurück«, erklärt Hartmut. »Natürlich erlebt jeder der Partner die Sache von seinem Standpunkt aus anders. Mir ging's bei dem Song aber nicht um Objektivität oder Fairneß, sondern um meine eigenen Gefühle. Und die waren schlimm, ich fühlte mich verraten und verkauft. Ich mußte diesen Schmerz einfach loswerden. Das Lied zu schreiben, half mir über die Scheidung weg.« (*Bravo* v. 26. 7. 95) Ute wird deshalb von der PUR-CD *Abenteuerland* nicht begeistert sein. Nicht wegen des veränderten Sounds, der rockigeren Songs. Ute wird vor allem den Titel *Es tut weh* hassen. Es bleibt nicht unproblematisch, in aller Öffentlichkeit vor einem Millionenpublikum die eigene gescheiterte Beziehung zu entblößen.

Überhaupt das Problem mit der Freundschaft. Da ist das Lied *Indianer*, ein Song für einen Freund. Darin geht es um den Ausverkauf von Wünschen und Zielen, die kleinen und großen Kompromisse, die jeder irgendwann einmal schließt. Man merkt es kaum, doch plötzlich wird der Text ernster, als man zunächst vermutet; wenn Hartmut fragt, »Wieviel Träume dürfen platzen, ohne daß man sich verrät«.

Auch im Song *Daß es dir leid tut* geht es um Freundschaft, allerdings um eine ganz besondere: »Freunde sind das Wichtigste, das es gibt,« klärt Hartmut auf. »An PUR ist mir nicht der Erfolg wichtig – der ist bloß ein schöner Lohn für unsere Arbeit – sondern die verschworene Gemeinschaft, die wir schon seit Schulzeiten sind. Nichts und niemand bringt uns auseinander. Doch Freundschaft kann verdammt schnell zerbrechen, wenn man nicht auf sie achtet. Das Lied geht auf einen dummen Streit zurück, den ich mit Roland im Studio anfing.« (*Bravo* v. 28. 9. 95) Die Sache ist ganz sicher einen Song wert, denn was bringt es schon, über Ideale zu singen, wenn die eigene, bandinterne Chemie nicht stimmt.

Nun wird es wirklich heikel. Da heißt es, manchen Radiostationen sind PUR-Songs zu kritisch. Zum Beispiel das Lied *Noch ein Leben*, das von dem Selbstmord eines Mädchens handelt. Das Lied beschreibt den Zustand der Machtlosigkeit nach dem Verlust eines lieben Menschen. »Wir kannten das Mädchen aus dem Lied. Ein paar Stunden, bevor es sich runtergestürzt hat, war es noch auf dem Konzert und gut drauf. Wir haben schon eine Wut gehabt, denn es ist gemein, wenn sich jemand der Diskussion und Konfrontation so entzieht. Dann bleibt auch wenig Verständnis unter dem Strich übrig. Das Lied soll den Leuten, die so was auch einmal erlebt haben die Trauer erleichtern. Uns hat es gutgetan, das zu machen.« (*Rheinische Post* v. 27. 9. 93)

Dieses Lied wird von Streichern begleitet und kann auch deshalb nur zu zwei möglichen Empfindungen führen: Entweder man ist tief gerührt oder man ist davon abgestoßen – gleichgültig jedoch läßt der Song niemand. Sie wissen es selbst: »Unsere Texte sind emotional sehr heftig. ›Noch ein Leben‹ ist ein trauriges, depressives Lied über ein Mädchen, das sich ein paar Stunden nach einem Konzert bei uns umgebracht hat.« (*Kölner Express* v. 15. 4. 94) Sie erzählen es jedem, der es hören will, immer wieder. Gut, PUR sind traurig und wütend, daß sich eine Konzertbesucherin dem Leben entzogen hat. Doch leider kein Wort, keine Frage nach dem Warum der Verzweiflungstat. Statt dessen die harten Worte: »Doch war das fair? War das nicht feige?« Man muß es festhalten, diese Art von Kritik sollten sich selbst PUR verkneifen, insbesondere, wenn man deren Medienwirksamkeit berücksichtigt.

Anders ist der Song *In Gedanken*, der vom endgültigen Abschied handelt, vom Tod einer lieben Freundin, die an Krebs gestorben ist. Schlimm für PUR war, daß sie ausgerechnet in dieser Zeit auf Tour sind, keine Möglichkeit finden, sich richtig von ihr zu verabschieden. Das tut weh, beschämt, erfüllt mit Trauer. Bis heute haben die Musiker diese Sache nicht richtig verwunden. Und das Lied ist ein mutiger Versuch, mit der Situation fertigzuwerden, eigentlich jemand alleine gelassen zu haben.

Daß Hartmut und die Gruppe nichts unberührt läßt, kommt tatsächlich am stärksten in diesem traurigen Lied zum Ausdruck. Wie echt dieses Gefühl ist, zeigt, daß PUR den Titel niemals auf Konzerten spielen. »Wir haben das Stück in einem Durchlauf eingespielt, und live wird es nie zu hören sein. Das würde ich nicht packen«, sagt Hartmut (*Südwest Presse* v. 21. 8. 95). Und fügt hinzu, daß es den Fans nichts bringen würde, wenn er auf der Bühne die Fassung verlöre und weinte.

Der damit emotional durchaus vergleichbare Selbstmord-Song *Noch ein Leben* hat trotz der Empfindsamkeit des Sängers seinen festen Platz im PUR-Konzert gefunden. Und wenn Hartmut dazu sagt, es sei »hart an der Grenze«, mag er damit vielleicht seine eigene, künstlerische Grenze meinen: »Ich muß das ja auch beim hundertsten Mal glaubhaft rüberbringen. Mit so einem Lied spaßt man nicht, das darf nicht zu flach werden. Ich bitte dann auch die Leute, nicht mitzuklatschen.« (*WOM Journal* 12/95) Bei solchen Texten über den Tod stellt sich zwangsläufig die Frage nach den eigenen Ängsten. Angst vor dem Tod? Ist das ein Thema, das den Sänger auch privat beschäftigt? »Das schiebe ich weit weg, ich bin 33. Ich denke nicht über meinen Tod nach, aber über den Tod anderer. Obwohl ich ein logischer Mensch bin, könnte ich nie die Vorstellung akzeptieren, daß gar nichts mehr wäre, wenn mein Herz aufhört zu schlagen.« (*Bietigheimer Zeitung* v. 19. 8. 95)

7

Pop heisst populär: für alle und jeden

»Wir machen Deutschrock, der unterhält und versuchen nicht bei anderen Bands abzukupfern.« (*Stuttgarter Zeitung* v. 7. 1. 87) Unter diesem Motto starten PUR nach ihrem Sieg beim Bundesrockfestival eine einzigartige Karriere. Als PUR noch Opus hieß, wurde ihre Musik als melodiöser Deutschrock mit einer Beigabe »Saga« und »Yes« bezeichnet. Da wurden nicht so sehr die PUR-Konzerte empfohlen, als viel mehr das Hörerlebnis zuhause, hingestreckt auf das Sofa, die Kopfhörer um die Frisur.

Herzattacken wird die PUR-Musik auch heute bei niemand verursachen, doch das tut der Stimmung bei den Konzerten keinen Abbruch. Ist es ein Vor- oder Nachteil, daß sich seit dem ersten Album *Opus 1* am Konzept wenig geändert hat? Unbedingt ein Vorteil, wenn man sich das Resultat vor Augen hält. »Steter Tropfen höhlt den Stein« – so könnte das PUR-Motto lauten. Dabei haben sie ganz normal angefangen, mit dem banalsten aller Musikerprobleme: »Beim ersten Mal ging es hauptsächlich darum, unsere Stücke fehlerfrei aufs Album zu bringen«, erzählt Rudi (*Stuttgarter Zeitung* v. 7. 1. 87). Doch bereits der zweite Anlauf 1985

mit *Vorsicht zerbrechlich* kann sich bereits mit gängigen Profiproduktionen messen.
Die Musik von PUR erinnert damals wie heute stark an Vorbilder aus den 70er Jahren – fast alle Gruppen orientierten sich in jener Zeit an englischen und amerikanischen Gruppen und übersetzten sie in eine deutsch-ernste Fassung. Auch PUR geht diesen Weg. Wohlklingende Kompositionen dominieren den Sound, Gitarre und Keyboards untermalen gleichmäßig den Text.

Mit Disco-Musik hat die Musik von PUR somit nichts zu tun. Aber auch irgend etwas weltbewegend Neues passiert bei PUR nicht, rein musikalisch betrachtet. Denn Komponist Ingo setzt hauptsächlich auf leicht fließende Klänge. Man weiß nie so recht, wo man die Musik schon mal gehört haben könnte. Bei Genesis vielleicht? Nein, bei PUR natürlich, der Gruppe mit dem hohen Erinnerungswert. Berücksichtigen muß man zudem, daß alle PUR-Musiker ihre eigenen Favoriten haben. Roland beispielsweise steht auf Musiker wie Phil Collins, Peter Gabriel, James Taylor oder Clannad.

Mit dem Wort »Mainstream« kann den studierten Pianisten und PUR-Komponisten Ingo niemand beleidigen. Er empfindet es vielmehr als Bestätigung dafür, daß seine Musik einem großen Publikum gefällt. Klar, daß er sich ständig weiterentwickelt, doch stets achtet er darauf, seine musikalischen Wurzeln aus den 70er Jahren nicht zu kappen. Unvorstellbar für ihn, sich irgendwelchen musikalischen, kurzlebigen Trends anzupassen. Joe hat, als Ergänzung, ein Faible für Fusion, Jazz-Rock und Klassik – eigentlich mag er alles, bloß keine Techno- oder Dance-Musik. Vorbild? Wolfgang Amadeus Mozart natürlich, wen sonst.

Bei alldem hat sich PUR allerhöchste Eigenständigkeit bewahrt. Auch wenn sie sich für ungeübte Ohren mal wie Pink Floyd, dann wieder wie Genesis anhören.

Das kommt nicht ganz von ungefähr, denn Ingo bekennt sich offen zu seiner Vorliebe für die Arrangements seiner Vorbilder. »Ich bin nicht traurig, wenn man sagt, daß sich ›Abenteuerland‹ nach Pink Floyd anhört. Jeder Musiker hat schließlich Vorbilder, und auf irgend etwas muß man sich ja berufen«, sagt er (*Südwest Presse* v. 21. 8. 95). Er weiß, wovon er spricht, denn er hat vor der Arbeit an dem neuen Album die Vorgängerplatte *Seiltänzertraum* genau analysiert. Dabei hat er sehr genau spüren können, unter welchem enormen Zugzwang die Gruppe damals gestanden hat. Kein Wunder, denn die Fans verlangen einfach, daß PUR immer wieder nach PUR klingt, und nach nichts anderem.

Kraftvoll melodische Kompositionen sind zum Markenzeichen für PUR geworden, sanfte Balladen und Rocknummern zum Mittanzen. Auf Exzesse können sie da gut verzichten. So sind die Songs zugegebenermaßen ebensowenig spannend wie das straff organisierte Leben der PUR-Musiker. Ein dramaturgisches Kunststück, daß die Konzerte dennoch so mitreißend sind. Immerhin haben drei Bandmitglieder Musik studiert und wissen genau, wie man Noten aneinanderreihen muß, damit als Endprodukt ein schönes Lied entsteht. Mit gewissen Abstrichen gegenüber der Live-Musik;

doch das bedeutet keinesfalls, daß die Musik schlechter ist – sie ist bloß anders präsentiert.

Wie nennt man das, wenn Klassisches mit Rockigem vermengt wird? Ist es Artistik? Ist es Schmalz? Nein, etwas ganz Simples: Es ist PUR-Musik, gebastelt von einem Team, das seit langen Jahren aufeinander eingeschworen ist. Darüber hinaus hat PUR aus den Fehlern der Vorgänger gelernt: Die musikalischen Ideen werden nicht, wie bei vielen Deutsch-Rock-Veteranen, ausgewalzt, bis sie kein Mensch mehr hören kann. Trotzdem haben sie eine erzählende Musik. Nicht nach dem phantasielosen Schema »ein paar Takte Vers bis zum blöd wiederholten Refrain«. Die lebendige Musik ist zum großen Teil nach dem Text geformt, mit Stimmungswechseln mitten im Stück. Da ist, auch objektiv betrachtet, schon ein bißchen mehr dran, als bei der Musik der heutigen Hip-Acts, egal wie sie heißen. Dafür brauchen sich die PUR-Jungs nicht mit nackten Oberkörpern die Becken zu verrenken und auch nicht ständig von der Bühne zu brüllen, daß sie alles ankotzt. Das haben sie als Vollblutmusiker nicht nötig, es würde auch nicht zu ihnen passen. »Wenn man eine relativ glückliche Jugend gehabt hat«, sagt Hartmut, »ist man nicht so ätzend.« (*Stern* v. 1. 9. 95)

PUR basteln statt dessen gemeinsam mit ihrem Produzenten Dieter Falk und dem Londoner Mischkünstler Jon Kelly Alben, die den Vergleich mit internationaler Konkurrenz keinesfalls zu scheuen brauchen. Obwohl PUR, einfach ausgedrückt, »bloß« Unterhaltungsmusik machen. Einer der ersten großen PUR-Hits *Hab' mich wieder mal an dir betrunken* ist beispielsweise nur ein simpler Schlager: Weder Melodie noch Text bieten etwas grundlegendes Neues. Trotzdem das schier unerklärliche Phänomen – 1987 ebenso wie 1996: Noch bevor die ersten Takte richtig zu hören sind, gehen in den Konzerten die Hände nach oben. Wunderkerzen versprühen unter lautstarkem Gekreische. Hinter einer Show, die so ankommt, steht mehr als bloß ein paar Schlagertalente. Aber was?

Zum Schlager hat Hartmut eine eindeutige Meinung: »Wer deutschen Schlager macht, der muß es selber verantworten. Für mich ist das eine Friede-Freude-Eierkuchen-Industrie, die völlig unkritisch ist. Wir haben damit nichts zu tun.« (*Rheinische Post* v. 27. 9. 93)

Aber viele Leute bezeichnen die PUR-Musik als Schlager. Kann man damit nicht leben? »Es ist doch logisch, daß die seichten Liebeslieder im Radio gespielt werden. Wer sich unsere Platten anhört, wird merken, daß dies aber nicht unser Musikstil ist.« (*AZ* v. 15. 7. 93)

»Viele sehen uns in der Schlager-Ecke«, ärgert sich auch Joe, »damit haben wir wirklich nichts zu tun.« (*Gala* v. 1. 6. 94)

Fest steht aber eines: Bei vielen Songs hat PUR ganz bewußt die Schlager-Charts angezielt, obwohl das offiziell keiner der Musiker jemals zugeben würde. »Es geht eben nicht nur um Botschaften und Wahrheiten, es geht auch um Unterhaltung«, meint Ingo dazu diplomatisch. »Wer den Unterschied zwischen einer ruhigen Ballade und einem Schlager nicht erkennt, der tut mir leid. Natürlich haben wir uns da ein Stück weit reingewagt, aber dazu stehen wir auch.« (*Südwest Presse* v. 21. 8. 95)

Noch ein wichtiger Punkt: Musik ist abhängig von dem Umfeld, in dem sie entsteht. Das ist bei der Malerei oder dem Schreiben ebenso. Britpop beispielsweise hätte nie in Bietigheim-Bissingen entstehen können, genauso wie Techno oder Funk. »Aber wenn man eine schöne Kindheit hat, eine intakte Familie, ein bißchen spießig vielleicht«, erklärt Hartmut, »dann kann man nicht singen: Das Leben ist scheiße, wie komm' ich da raus.« (*TIPO* 9/95) So liegt es nur in der Natur der Sache, wenn sich PUR von Beginn an nicht mit »Radau-Musik« abgeben wollen. Die Musiker verschreiben sich vielmehr dem Zweig der Rockmusik, bei dem es legitim ist, Botschaften auszudrücken, die nicht unbedingt revolutionär sein müssen. »Wir wollen faire Musik anbieten und die Zuhörer sollten sie wertschätzen.« (*Bietigheimer Zeitung* v. 8. 1. 87) Eines jedoch haben PUR-Songs alle gemein, egal, ob sie von Liebe, Alter oder Kindheitsträumen singen – einen einfachen Refrain. »Man kann Musik unheimlich kunstvoll machen, aber da muß ein Refrain sein, der einen immer wieder fängt«, erklärt Hartmut, »das ist das Lennon-McCartney-Prinzip.« (*Tango* v. 12. 1. 95) Natürlich kommt zu alldem noch die ausdruckstarke Stimme von Hartmut hinzu. Sänger mit Ausstrahlung, die wie er die Botschaften ohne Zeigefinger von der Bühne bringen, gibt es in Deutschland nur ganz wenige. Gefordert wird seine Stimme auch durch plötzliche Wechsel des Tempos und des Takts. Am Ende steht dafür typischer PUR-Sound mit Hartmuts eigenwilliger Stimme, an deren hohe Tonlage man sich schnell gewöhnt hat.

Doch PUR müssen sich auch der Kritik stellen. Keine Experimente, klagen manche, keine Überraschungen. Nach dem Ruhm der letzten Jahre, vermuten Kritiker, bestehe großer Bedarf an dieser Mischung aus gefälligen Pop-Sounds und deutschen Texten. In diese breite Straße sei PUR eingeschwenkt, heißt es, um das dankbare Weltschmerz-Programm abzuspulen. Geschichten zu erzählen von Liebe und Ungerechtigkeit, von Jubel, Hoffnung und Grübelei. Ob Erfolg zwangsläufig oberflächlich macht, überlegen andere. Naja, wenn der Ausdruck sozialkritischer Ohrwurm erlaubt sei, dann sollte man PUR damit behängen dürfen. Man sollte dabei auch an Hits wie *Irene* denken – leichte Lieder, denen PUR den Ruhm verdankt.

Sicher schwierig, es allen recht zu machen, gerade den Musikkritikern. Nur, wenn sie schimpfen, daß man nach einem PUR-Konzert ebenso unbefriedigt bleibt wie nach einem Glas alkoholfreiem Bier, dann ist das eine scharfe Attacke, die Geistlosigkeit unterstellt.

Zugegeben, PUR hat das Light-Prinzip ins deutsche Musikbusineß übertragen. Wie aber kann es dann passieren, daß die Erfolgskurve von PUR steil nach oben weist? Die Platten verkaufen sich immer besser, die Hallen werden immer voller. Aha, die Band hat nach ihrem Erfolg die Flügel hängen lassen, wie man munkelt: keine musikalischen Neuheiten, keine neuen Einflüsse. Als Springsteen-Abziehbild aus dem Musterländle karikieren böse Zungen die Band. Daß sie schwäbischen Tugenden wie Bescheidenheit und Bodenständigkeit folgten. Vielleicht, aber viel mehr bestimmt das klangvolle Duell von Gitarre und Keyboard das Modell, sowie der eingeflochtene Rhythmus, von dem vor allem die Mitklatscher zehren.

Gut, die neuen Stücke werfen die musikalische Entwicklung der Band nicht gerade über den Haufen, sind nach wie vor der Herrschaft des Keyboards unterworfen. Aber warum eigentlich nicht? Und noch etwas: Jeder hat wohl bereits von der »Verzeih-mir-Welle« gehört. Ist es legitim, das Lied *Daß es dir leid tut* in diese Schublade zu kehren? Ist das wirklich alles, was man PUR vorwerfen kann? Daß das Erfolgsgeheimnis nicht im Bereich musikalischer Neuerungen liege? Tatsächlich heißt der Schlachtruf im Hause PUR »keine Experimente« – seit der ersten Platte im Jahre 1987 allerdings mit dem allergrößten Erfolg. Also, warum dann auch nicht? Da können die PUR-Musiker nur lächeln, wenn man ihnen musikalisch den immer gleichen, langweiligen Einheitsbrei vorwirft. Alles würde zwar ein wenig nach Rock und Pop klingen, aber in Wirklichkeit wäre es ja gar nichts von beidem. Es ist wohl der Neid, der die steile Erfolgskurve zu einem ständigen Angriffsziel macht: Hatten die Kritiker PUR früher noch »ausgefeilte Qualität« und »Einfallsreichtum« nachgesagt, einer sogar »pralle Ironie und viel Witz«, schlägt man heute einen ganz anderen Ton an: »Die Musiker von PUR scheinen sich andauernd selbst auf die Schulter zu klopfen.« (*FAZ* v. 16. 5. 94)

Viele Beobachtungen sind schlicht aus der Luft gegriffen. Musikalisch gibt es bereits beim *Nichts ohne Grund*-Album Veränderungen. »Wir sind rockiger geworden, ohne daß die Fans, die uns von Anfang an begleiten, verschreckt werden«, versucht Hartmut den neuen Sound zu beschreiben. »Ich glaube, daß der Rhythmus mehr in den Vordergrund rückt, liegt daran, daß wir alle inzwischen auf die 30 zugehen.« (*Stuttgarter Zeitung* v. 30. 7. 91)

Dann *Seiltänzertraum* im Jahre 1993, ein Balance-Akt zwischen Weinen und Lachen, Freude und Leid, Träumen und Erwachen. Wiederum rockiger und rauher als bisher, viel Gitarren-Sound und trotzdem unverkennbar PUR. Auch aus diesem Album hört man, daß die Musiker gereift sind. »Man merkt der Musik und uns an, daß wir keine zwanzig mehr sind, sondern dreißig oder knapp darüber. Dann macht man eben auch andere Sachen als mit zwanzig, wir wollten immer noch dasselbe wie damals, aber ein wenig anders.« (*Rheinische Post* v. 27. 9. 93) Der neue Wind bei *Seil-*

Gitarristen unter sich – Joe und Rudi spornen sich zu Höchstleistungen an

tänzertraum entsteht auch durch eine veränderte Arbeitsweise von Ingo: »Ich habe die Idee für die Stücke diesmal mit Martin Anselm, einem anderen Gitarristen, der auch auf der kommenden Tour die zweite Gitarre spielen wird, ausprobiert.« (*Südwestpresse* v. 21. 8. 93)

Dann das jüngste Album *Abenteuerland.* Welchen Grund hat es, daß es insgesamt rockiger geworden ist? »Das war Absicht. Wir wollten endlich weg aus der Schlager-Ecke. Wer uns jetzt noch mit Roland Kaiser in einem Atemzug nennt, muß was an den Ohren haben.« (*Bild und Funk* v. 1. 9. 95) *Abenteuerland* verstärkt jedoch noch einen weiteren Ansatz aus dem Vorgänger-Album *Seiltänzertraum*: Der Trend geht eindeutig zu mehr Gitarren, die ruhig auch schärfer gespielt werden dürfen. Vielleicht ist es wirklich eine Frage des Alters. Daneben überrascht die neue CD mit Songs, die tüchtig einheizen. Dabei bringen PUR auch eine verzerrte E-Gitarre mit einem indischen Zupfinstrument namens Sitar zusammen und mixen eine Hammondorgel mit Bläsern.

Weshalb sind die Gitarren jetzt so im Vordergrund? »Das haben wir ganz bewußt gemacht: Wir haben bei den meisten Songs die Gitarre als Ausgangspunkt genommen. Ich stehe auf Gitarren, bin ein totaler Tom Petty-Fan«, erklärt Hartmut (*Fachblatt Musikmagazin* 11/95). Aber die PUR-Musiker sind doch gar keine Rock'n'Roller. Hartmut widerspricht: »Ich bezeichne uns schon als Rockband, auch wenn wir nicht immer rocken. Auf ›Abenteuerland‹ sind wir ein ganzes Stück härter geworden.« (*Gala* v. 19. 10. 95) Immer mehr lernen die Musiker aus früheren Fehlern. Ingo setzt mittlerweile auf Einführungen, Wechsel und Melodien, die völlig refrainunabhängig sind. Und es gibt längere Gitarrensoli. Nicht nur Rudi begeistert diese Novität, sondern vor allem die Fans, denn Rudi ist an der Gitarre ein echtes As.

Wie zaubert man eine CD hervor, wie entsteht ein Album? »Ich habe mich ein halbes Jahr im Elch-Studio in Bietigheim eingeschlossen und am Material für die Songs gearbeitet«, vereinfacht Ingo die Entstehungsgeschichte von *Abenteuerland* (*Südwest Presse* v. 21. 8. 95). In der Praxis sieht das ein wenig komplizierter aus. Schon beim *Nichts ohne Grund*-Album bemerkt man den deutlichen Aufschwung in die professionelle Oberliga. Dafür spricht auch, daß längst echte Bläser eingesetzt werden, wo damals Synthesizer genügen mußten. Das geht jedoch nicht mehr in Bietigheim-Bissingen, auch nicht in Ingersheim. Also geht es zu den Aufnahmen ab nach Los Angeles und dann zum Überarbeiten nach Nashville – man gönnt sich ja sonst nichts.

So wird die erfolgreiche Zusammenarbeit mit Dieter Falk, der bereits *Unendlich mehr* produziert hat, schon 1991 für *Nichts ohne Grund* um das Know-how von US-Experten bereichert. Auch *Seiltänzertraum* entsteht unter der Regie von Dieter Falk. Den letzten Anstrich bekommen auch diese Aufnahmen in Nashville, im berühmten Masterfonics Studio.

Wie lange arbeitet man an einem solchen Album? Für *Abenteuerland* gilt: »Von Oktober 94 bis März 95 war die Kreativ-Zeit. Die Takes in drei deutschen Studios dauerten drei Monate. Dann ging es für den Feinschliff zwei Wochen nach Nashville. Gemixt hat Jon Kelly im Olympic Studio in London.« (*Fachblatt Musikmagazin* 11/95) Daß auf den Platten mehr Gastmusiker als PUR-Musiker mitmachen, stört niemand. Und die Bandmitglieder, sind sie nicht verärgert, wenn amerikanische Studiomusiker die Titel einspielen? »Nein, wir sind längst nicht mehr so drauf, daß wir sagen: Jeder Ton muß von mir sein. Das Resultat ist das entscheidende – und jeder von der Band trug seinen Teil dazu bei, jeder durfte ran. Wir machten das so, daß wir beispielsweise von drei Gitarristen ein Solo spielen lassen – beschrifteten aber die Bänder nicht. Beim Abmischen entschieden wir uns dann für das Solo, das uns allen am besten gefiel. Wer uns auf Tour hört, weiß, daß die Band all die Sachen, die auf der CD sind, auch eins zu eins spielen kann.« (*Fachblatt Musikmagazin* 11/95)

Das Ganze wird zusammen mit Produzent Dieter Falk arrangiert. Abgemischt wird das Album dann von Jon Kelly, der mit Paul McCartney und Kate Bush zusammengearbeitet hat und eine Zeitlang Produzent von Chris Rea war. »Kelly hat es anders gemacht als Mischer, die wir vorher hatten. Er hat begriffen, was wir wollten, und hat es dann fast noch extremer umgesetzt, ohne Rücksichtnahme, das könnte hart klingen. Deswegen klingt die Platte etwas kantiger«, erklärt Hartmut begeistert (*Rheinische Post* v. 27. 9. 93). Klar, daß PUR nur bei den Besten arbeiten läßt, denn Mischen ist hohe Kunst. »Wir liefern die Farbe und er malt das Bild«, erläutert Hartmut die Tätigkeit Jon Kellys (*Bietigheimer Zeitung* v. 15. 4. 95).

8

Das beste Publikum der Welt

Immer noch gibt es Leute, die PUR für völlig überflüssig halten. Das sind dann keine Fans, denn für die gibt es keine bessere Band. Harte Kritiker können es auch nicht sein, denn die meisten von ihnen scheinen immer noch nicht zu wissen, daß es PUR überhaupt gibt; zumindest tun viele Kritiker so. »Wer uns kennt, der kennt uns richtig«, wirbt Hartmut, »und wer uns nicht kennt, der kennt uns überhaupt nicht. Viele haben unsere Lieder im Radio gehört, wissen aber nicht, daß sie von uns kommen.« (*Rheinische Post* v. 27. 9. 93) Über PUR streiten sich tatsächlich die Geister, dabei sind sie derzeit die erfolgreichste Band Deutschlands. Und das bereits seit 1992, als sie den Schritt vom regionalen Erfolg zur deutschlandweit bekannten Band vollziehen. Sacht und allmählich, denn große Städte wie München wehren sich anfangs noch gegen die »Neulinge«.

Bald jedoch sieht schon jeder, daß es bei den Tourneen der Schwaben sogar Fans von den friesischen Inseln in die Konzerthallen zieht. Endlich, denn lange Jahre kennt PUR im Norden der Republik kein Mensch. »Es gibt ein klares Nord-Süd-Gefälle«, stellt Roland fest. »Im Norden haben wir zwar einige Hochburgen, aber wir sind erst noch dabei, uns dort unser Publikum zu erspielen.« Ein Loch ist aber auch im Süden, zu dem Roland trocken bemerkt: »München, das können wir glatt vergessen.« (*Stuttgarter Zeitung* v. 30. 7. 91) Bis zu dem Tag, als eine doppelseitige Homestory im Teenie-Journal *Bravo* auch der breiten Masse berichtet, was angesagt ist. Was jetzt folgt, ist geradezu skurril: Lange Zeit nämlich muß PUR gegen das Image, eine Teenie-Band zu sein, ankämpfen.

Dann kommt die Zeit, in der PUR die oft im Radio gespielten Titel und die Singleauskopplungen schnell in die Münchner-Freiheit-Ecke bringen – verständlich, wenn man nur die Liebeslieder *Lena*, *Prinzessin* oder *Funkelperlenaugen* kennt, die ja schon ein bißchen schnulzig klingen. Doch auch heute noch gibt es Menschen, denen die Musik von PUR nichts bedeutet. Zum Beispiel Hartmuts Vater, als er endlich mal ein Konzert seines Sohnes besucht: »Es war grausam! Viel zu laut!« hieß sein Urteil (*Hamburger Morgenpost* v. 20. 10. 95).

Wie fühlt man sich, wenn man 10 000 Menschen in eine Halle locken kann? Als Star? »Starkult ist eine Verantwortung, die ich nicht will«, blockt Hartmut ab. »Niemals, für kein Geld der Welt würde ich zum Beispiel als neuer fünfter Mann bei Take That einsteigen.« (*Gala* v. 19. 10. 95) Dagegen spräche auch, daß sich PUR dem Ruf der Provinzialität verpflichtet hat. Ganz bewußt, mit schlagerähnlichen Texten, und immer darauf bedacht, keinen Großstadt-Moden zu verfallen. »Wenn wir auf dem Land spielen, hat unser Publikum es nie weit«, präsentiert Hartmut seine Begründung (*Pop-Archiv International* v. 15. 7. 92).

Wie sollte es auch anders sein. Die Musiker kommen nun mal nicht aus London oder New York, sondern aus Bietigheim-Bissingen beziehungsweise Ingersheim. Das klingt nach Kuhmilch und frischer Luft, und dazu stehen sie auch: »Unsere Fans kommen zum großen Teil aus Kleinstädten und Dörfern. Sie verspüren ein ähnliches Lebensgefühl wie wir. In der City wohnen – das ist nichts für uns.« (*Bild am Sonntag* v. 24. 9. 95) Und noch deutlicher: »Ich schätze, daß 70 Prozent von unserem Publikum eben nicht das typische Großstadtpublikum sind, sondern daß die Leute ein ähnliches Lebensgefühl haben wie wir auch. Wenn wir in einer Großstadt spielen, kommen die meisten aus der Umgebung. Wir sind nicht hip, wir sind nicht in, und Großstädter stehen halt auf so was. Das muß irgendwie flippig, verrückt und neu sein, und das haben wir nicht zu bieten. Das brauchen wir nicht und wollen wir nicht.« (*TIPO* 9/95)

In den Konzerthallen gibt es dann bei so viel Gemeinsamkeiten oft lautstarke Begrüßungsszenen: »Die Fans in den ersten Reihen kannten wir fast alle schon. Es sind nicht wenige, die zum Teil über 30 Konzerte gesehen haben und die mit der Zeit fast schon zur PUR-Familie gehören.« (*Stuttgarter Zeitung* v. 16. 9. 92)

Die Fans lieben PUR, und sie drücken das aus. Beispielsweise mit Geschenken, wie einer kleinen Spielzeugkuh aus Plüsch, die Hartmut zu seinem Maskottchen erkoren hat. »Die Kuh hat mir ein kleines leukämiekrankes Mädchen vor ein paar Jahren geschenkt, die mir erzählte, daß sie Tag und Nacht nur PUR-Musik gehört habe und dadurch wieder gesund wurde. Das hat mich wirklich bewegt, und seitdem ist die kleine Kuh mein Maskottchen.« (*Bravo* v. 3. 2. 94)

Das gleiche gilt für die Ohrringe, die Hartmut trägt – wohlgemerkt immer bloß einen, am linken Ohr. Ein besonderes Prachtstück ist ein Indianer-Ohrring, ebenfalls ein Fan-Geschenk. Die Verehrerinnen Hartmuts wissen mittlerweile, worauf er steht, und so haben sich im Lauf der Zeit angeblich rund 200 Ohrringe angesammelt. Der Kontakt mit den Fans macht den Musikern Spaß. Wenn sie von weiblichen Verehrerinnen eingekreist unermüdlich ihre Namen auf Kleidungsstücke, CD-Hüllen, Poesiealben oder auch nackte Haut schreiben. Nackte Haut? Das klingt ein wenig nach Groupies. Gemeint sind damit aber bloß Arme, Beine und Bäuche. Wer von den weiblichen Fans glaubt, nach dem Konzert von den Musikern in der Garderobe vernascht zu werden, liegt falsch. Ein Autogramm vielleicht, und wenn nicht gar so ein Gedränge ist, auch mal eine kurze Plauderei. Die Musiker brauchen diesen nahen Kontakt zu ihren Fans nach wie vor, auch wenn es jetzt oft viel mehr Bewunderer sind, als sie verkraften können.

Wirklich keine Groupie-Geschichten? »Ich hatte meine zwei wilden Jahre – und die waren wohl auch Schuld an meiner Trennung«, räumt Hartmut schließlich ein. »Mir reicht das Theater aber jetzt, es lohnt sich nicht. Nichts gegen ein Bier an der Bar mit jemandem, aber spätestens an der Hotelzimmertüre ist für mich jetzt Schluß. Und genauso halten es mittlerweile alle Musiker in der

Band.« (*Fachblatt Musikmagazin* 11/95) PUR ist eine nette Band. Für die vielen Fans zuständig ist Joe; er betreut die Fanclubs. Da sehen PUR auch, wie sie ankommen. Als sie beispielsweise *Wenn sie diesen Tango hört* veröffentlichen. Zu diesem Lied über das Alleinsein im Alter bekommt Joe viel positive Rückmeldung; Joe weiß also immer sofort, wie etwas ankommt, denn er erfährt es als erster von den Fans.

Und auf der Straße? Anstrengend, wenn einen alle kennen? Ingo zum Beispiel genießt es viel mehr, wenn er nicht sofort erkannt wird: »Früher sagten viele Leute, wir seien viel zu nett. Eben die netten Jungs von nebenan. Jetzt stellt sich heraus, daß wir auch deshalb so treue Fans haben, weil wir immer natürlich geblieben sind.« Ab und zu wird es ihm aber auch zuviel. »Manchmal, nach 30 oder 40 Konzerten, kann einem die Euphorie vor der Bühne auch angst machen. Dann erscheint die Szenerie geradezu unwirklich.« (*Südwestpresse* v. 21. 8. 93) Da haben ein paar Fans richtig großes Glück, denn für sie geht im Dezember 1994 ein Traum in Erfüllung. In einer Gaststätte in der Bietigheimer Innenstadt dürfen sechzig Fans aus verschiedenen süddeutschen Fanclubs zusammen mit ihren fünf PUR-Idolen essen. Klar, daß es dabei alles andere als langweilig zugeht. Hartmut plaudert von der Arbeit am neuen *Abenteuerland*-Album, die Fans geben Einblick in ihr Leben.

PUR bestimmen zu einem großen Teil das Leben ihrer Fans mit. Allein schon deshalb, weil es Zeit kostet, die Texte auswendig zu lernen. Wie sonst kann es zu solchen Szenen kommen, daß die Musiker plötzlich aufhören zu spielen. Mitten im Song. Weil sie gemerkt haben, daß sie nicht mehr gebraucht werden. Gegen 6000 Stimmen, die den eigenen Text singen, kann man nur schwer ankämpfen. Jedes Wort, Melodie und Text ohne Fehler, singt der Riesenchor weiter. Vielen stehen Tränen der Rührung in den Augen. Auch die Musiker sind erleichtert, denn trotz der jahrelangen Erfahrung ist jedes Konzert ein neues Abenteuer mit ungewissem Ausgang. Wenn sie kurz vor Konzertbeginn von der Garderobe auf die Bühne marschieren, bemerkt man noch immer die ungeheure Anspannung. Obwohl Hartmut zu diesem Zeitpunkt schon hinter sich hat, wovon er noch am Nachmittag spricht: »Wahrscheinlich sitze ich in den letzten zwei Stunden vor dem Konzert acht Mal auf der Toilette. Und ich denke – wenn ich jetzt rausgehe, weiß ich nicht mehr, was ich sagen und singen wollte.« (*WOM Journal* 12/95)

Er muß keine Angst haben, denn es reicht vollauf, wenn er das sagt, was die Fans am liebsten hören: »Ihr seid das allerbeste Publikum der Welt.« Es ist so gut, daß man auch mal genauer hinschaut. Roland zum Beispiel. 1988 lernt er seine heutige Frau auf einem PUR-Konzert kennen; sie ist Fan und tanzt dicht vor der Bühne.

Frauen sind in der Überzahl, wenn man die Fans betrachtet. Können Männer PUR nicht leiden? »Viele Männer mögen uns deshalb nicht, weil ihre Freundin auf PUR steht«, erklärt Hartmut. »Die sind eifersüchtig. Die haben Angst, Gefühle zu zeigen. Ich bin einer der Männer, die hemmungslos heulen können. Aber intellektuelle Typen haben ohnehin Probleme mit uns, die gehen lieber zu Heinz Rudolf Kunze. Von dem weiß ich, daß er schrecklich gern ein paar mehr Mädels in seiner Show hätte.« (*Gala* v. 19. 10. 95) Doch es sind auch die Männer, für die Hartmut seine Texte schreibt. Denn es geht auch um ihre Träume, Sehnsüchte und Wünsche, aber auch um Frust, Probleme und Ärger.

»Unsere Fans sind zwischen 15 und 40 Jahre alt, und wir verstehen uns mit allen gut, was ich ganz toll finde«, sagt Hartmut. »Es wundert mich manchmal sogar, daß die 15jährigen mit Liedern wie ›Wenn sie diesen Tango hört‹ ebenfalls etwas anfangen können. Wir machen Rockmusik, ohne irgendein bestimmtes Publikum ansprechen zu wollen.« (*Rheinische Post* v. 27. 9. 93) Stimmt. Denn auch gehörnte Ehemänner können sich in PUR-Texten wiederfinden, zum Beispiel in *Es tut weh*. Oder aber in der Fortsetzungsgeschichte *Kowalski*, die den typischen Pauschaltouristen aufs Korn nimmt. Nicht zu vergessen auch *Ein graues Haar*, Zeichen dafür, daß die Fans gemeinsam mit den Musikern erwachsen werden – auch die Männer.

Wie kommt es, daß PUR so beliebt ist? Still und heimlich haben sie sich nach oben gespielt, obwohl ihnen alles abgeht, was Stars zu Stars macht. Sie sehen nicht gerade umwerfend aus, tragen keine Designer-Klamotten und sind frei von Skandalen. Auch die ausgefeilte Sprache der Kollegen Kunze oder Grönemeyer erreichen sie nicht, von der Bissigkeit der Ärzte ganz zu schweigen.

»Ich seh' mich nicht als Promi«, sagt Roland freimütig. »Wir genießen einfach das Leben.« (*Hamburger Morgenpost* v. 20. 10. 95)

Vielleicht ist es das. Sie sind privat wie auf der Bühne besserer Durchschnitt. Bloß nicht auffallen. Schön auf dem Boden bleiben, so wie die Fans mit ihren unspektakulären Problemen, die zu Problemen von PUR-Songs werden. »Unsere Themen reflektieren unser Umfeld. Für Leute aus der Stadt sind wir uninteressant, weil wir nicht trendy oder ausgeflippt sind.« (*Bild am Sonntag* v. 24. 9. 95)

So sind PUR zum Psychotherapeuten für die Landbevölkerung geworden, der den einen oder anderen Ausweg weist – das tut gut und ist wichtig. Man muß es so sehen, denn wie sonst erklärt sich die unglaubliche Begeisterung der Fans. Immer wieder wird Hartmut gefragt, woher das kommt, doch auch er kann nur raten. »Ich weiß es auch nicht. Vielleicht daran, daß den Leuten bei einem PUR-Konzert klar wird, daß sie nicht die einzigen sensiblen Menschen in einer kalten Welt sind.« (*Fachblatt Musikmagazin* 11/95)

PUR verkörpern dazu typisch deutsche Tugenden: Sie sind von preußischer Disziplin, stets zuverlässig und Garant dafür, daß es keine bösen Überraschungen gibt. Langweilig? Vielleicht, doch die Fans haben keinerlei Probleme, sich mit PUR zu identifizieren. Großstädter können mit der Band nichts anfangen, und PUR hat mit den Großstädtern nichts am Hut. Immerhin haben gerade in den Metropolen die meisten den Namen PUR noch nicht mal gehört. Ist auch nicht nötig, denn Selbstbewußtsein vermittelt PUR auch das ländliche Publikum: »Wir sehen eben nicht aus wie Mister Muskelmann oder Mister Schönheit, und das gefällt denen. Die Mädels fühlen sich bei uns verstanden. Wir beweisen, daß man auch Erfolg haben kann, wenn man nur völlig durchschnittlich aussieht.« (*Gala* v. 19. 10. 95)

Kein Witz: Einige Hartnäckige halten PUR noch immer für eine Band aus den fünf neuen Bundesländern, ein Überbleibsel aus der Ex-DDR. Nicht zuletzt der Bandname mag daran erinnern, aber auch die Klamotten nach dem vorvorletzten Schrei und vor allem Hartmuts teure 70er-Jahre-Frisur.

Und Menschen, die PUR nicht mögen, bezeichnen ihre Musik kurz und bündig als Kitsch. Möglicherweise werden viele Leute von den PUR-Texten im Innersten getroffen, fühlen sich entlarvt und geoutet. Verständlich, daß diese Menschen PUR nicht lieben – und genau auf diese Klientel kann PUR locker verzichten. Kein Problem, bei den mehrstelligen Millionenumsätzen, die sie tätigen. Auch von vielen Kritikern wird PUR gehaßt und regelrecht beschimpft, als »Betroffenheitslyriker« oder »Pseudo-Romantiker«. Von Pink Floyd-geschwängerten Klängen ist beim *Abenteuerland*-Vorspiel die Rede, die einem kaum – wie versprochen – den Verstand rauben könnten, zumal es dann ziemlich rasch wieder in die übliche PUR-Schiene abdriftet. Banal klänge auch die neue Single *Ich lieb dich*, so wie der Titel.

Die Schattenseite des Erfolgs lernte Hartmut bereits ausgiebig auf der *Nichts ohne Grund*-Tournee kennen. »Der kleine Schritt zum großen Arschloch« ist da ein Artikel über die Band betitelt, der gleich in mehreren Zeitungen veröffentlicht wird. Nicht besonders elegant, wie da Aussagen von Hartmut auf eine Weise gekürzt worden sind, die ihn in ein völlig falsches Licht stellen. Da urteilen Fans ehrlicher – wenn auch nicht minder brutal. Viele regen sich über Hartmuts gefärbte Frisur auf, ein in dieser Nackenlänge auch als »Pennerkissen« bezeichnetes Überbleibsel aus früheren Zeiten. »Nicht immer passend angezogen« mäkeln andere mit verängstigter Stimme, denn Kritik an PUR, das grenzt ja schon an Hochverrat. So bleibt nur das energische Fazit einer 11jährigen Pferdeschwanzträgerin: »Alle total bescheuert, denen's nicht gefallen hat.«

Das können nicht viele sein, denn allein die *Seiltänzertraum*-Tournee haben mehr als eine Million Menschen gesehen. Begeistert, versteht sich. Dennoch ist PUR auch 1996 bei vielen völlig unbekannt. Das liegt am sorgsam gepflegten PUR-Image, das keinen Starkult gestattet.

Alles ist hart erarbeitet, denn die Hochburgen der PUR-Fans liegen noch 1992 fast ausschließlich in der Heimat; der Bekanntheitsgrad wird erst nach und nach in Richtung Norden ausgedehnt. Denn auch dort sitzen Menschen, die gerne Texte auswendig lernen. Und wenn dann das Licht beim Konzert ausgeht, dann singen auch sie zwei bis drei Stunden lang jede Strophe mit. Tatsächlich ist man, wann immer Hartmut mitten im Gesang verstummt, Zeuge eines seltsamen Schauspiels: Ein gigantischer Kinderchor führt das Konzert weiter, alleine, ohne Unterstützung der Musiker auf der Bühne. Unter den Fans sind, wie mittlerweile bei allen Popkonzerten, auch viele ältere Semester: Eltern, Großeltern, Urgroßeltern. Doch die Texte können ausschließlich die Kleinen, denn nur sie haben die Muße, die jeweils aktuelle PUR-CD drei- bis fünfmal täglich zu hören.

Wie sieht ein typischer PUR-Fan eigentlich aus? Eine Werbeagentur hat sich mit dieser Untersuchung befaßt und präsentiert ein wenig erstaunliches Ergebnis: »Der ist zwischen 15 und 40 Jahre alt, hat Hauptschulabschluß oder studiert und ist ein bißchen häufiger weiblich« (*Gong* v. 8. 9. 95).

Dazu sitzen sämtliche Texte aus dem effeff, und obendrein sind sie auch noch fröhlich. »Sie fühlen sich wohl bei Männern, die ihre Gefühle öffentlich ausleben«, wissen die Musiker (*Kölner Express* v. 15. 4. 94). Vergebens sucht man schrille Typen, gestylte Trendsetter oder langmähnige Hippies. Es sind alles brave Menschen, die mit Hartmut einer Meinung sind, wenn er sagt: »Es geht darum, wie wichtig wahre, echte Freunde sind. Wir sind Jungs vom Lande, machen seit 17 Jahren alles zusammen. Das ist unser Geheimnis. Und: Wir sind so blauäugig, an kleine Verbesserungen zum Guten zu glauben.« (*Kölner Express* v. 15. 4. 94) Die Fans ebenfalls.

Greifbar Gutes gibt es auch beim Konzert. Da muß PUR allerdings vorher singen, a capella den Song *D-Mark*. Dann wirft das Publikum tatsächlich rasch herausgekramte Münzen auf die Bühne, zur großen Freude der Musiker. Ansonsten herrscht die gewohnte Beleuchtung aus Feuerzeugen und Wunderkerzen vor. Schwefelgeruch und Zischen sind die unverwechselbaren Zugaben aus dem Publikum. Nicht verheizt werden die Eintrittskarten. Die sind vielen Fans auch abgerissen so wertvoll, daß sie zuhause gleich in die Schachtel mit den anderen PUR-Sachen, Fotos und Autogrammen kommen.

Ein ganz besonderes Fest ist das Konzert am 24. November 91 in Münster. Es wird regelrecht zur Wallfahrt, denn Hartmut wird an diesem Tag 30. Es sind so viele Gratulanten, daß es schon fast zu anstrengend wird. Hartmut wird mit Geschenken geradezu bombardiert, und die Musiker warten hinter einer Deckung, bis der Beschuß aufhört.

Im Gegenzug kümmern sich PUR auch um die Fans. Hauptsächlich in sommerheißen Hallen rollen Sanitäter ohne Pause kollabierte Fans in die Rotkreuzkabinen. Auch Pflaster gibt es gratis, wenn sich die Mädchen an den Feuerzeugen die Finger verbrennen. Aber was sind schon Brandblasen gegen das Gefühl, sich für die Idole aufgeopfert zu haben.

Stark verschwitzt, aber lebendig und mit leuchtenden Augen begeben sich die Fans auf den Heimweg. Eines haben alle gemeinsam: rote Handflächen vom Klatschen, manchmal sogar aufgeplatzte Haut. Fast drei Stunden PUR an einem Stück können halt doch anstrengen. Und Erkältungen, das sind die typischen Winterkrankheiten von PUR-Fans. Denn auch bei Minusgraden gelten bei harten Fans dicke Jacken als verpönt. Wie soll denn da jemand die PUR-T-Shirts sehen, die extra gewaschen und aufgebügelt präsentiert werden.

9

Touren durch ausverkaufte Hallen

Der Erfolg von PUR kommt sicher auch daher, daß die Musiker alles selbst machen. Noch heute organisiert die Band ihre Tourneen selbst. So wie schon 1987, als sie den Bandbus rund 100mal ein- und ausladen, vor jeder Konzerthalle das gleiche Spiel. Da gab es noch herbe Enttäuschungen, über die PUR heute lachen können. Die als Preis vom Deutschen Rockmusikverband angesetzte Tour gemeinsam mit dem Zweit- und Drittplazierten durch sechs Städte fand wegen katastrophaler Werbung kaum Interesse. In Frankfurt kamen sage und schreibe bloß sechs Zuschauer, die bereit waren, eine Eintrittskarte zu kaufen. Dabei spielten doch die Bundesrocksieger. Kaum vorstellbar, aber wahr. PUR haben mittlerweile gelernt, wie man Hallen füllt, und am besten können sie das immer noch selbst. Deshalb verzichten PUR auf Konzertveranstalter. »Wir lassen nicht zu, daß jetzt noch einer auf den PUR-Zug aufspringt. Mit unseren drei Chef-Roadies sind wir eine Großfamilie. Acht Kumpels, die gemeinsam etwas aufgebaut haben und den Kuchen nun unter sich aufteilen.« (*Tango* v. 12. 1. 95)

Roland ist nicht nur Schlagzeuger, sondern auch Manager von PUR – ganz ohne Nadelstreifen

Da kommt es natürlich vor, daß man an seine Grenzen stößt. »Ich hatte bei der ›Seiltänzertraum‹-Tour einen Punkt erreicht, an dem ich es nervlich nicht mehr gepackt habe«, bekennt Roland. »Doch ich möchte den Managerjob niemals aufgeben. Gerade jetzt nicht, da die Band ganz oben ist.« (*WOM Journal* 12/95) Nur vom Teenie-Sender VIVA lassen sie die Touren gerne promoten, obwohl sie dazu eher eine gespaltene Meinung haben. »Ich bin mir zwar sicher, daß wir für sie eigentlich nicht hip genug sind, aber durch unseren Erfolg kommen sie nicht an uns vorbei«, sagt Hartmut. »Sie spielen unser Video ja immerhin in der Heavy-Rotation. Und sie präsentieren – zusammen mit der Deutschen Bundesbahn – unsere Tour.« (*Fachblatt Musikmagazin* 11/95)

Mit der *Nichts ohne Grund*-Tournee und dem *Pur Live*-Album erreichen PUR bereits 1992 einen ersten Höhepunkt der Bandgeschichte. Bloß in Berlin und München kommen die Zuschauer nicht so recht, und die Hallen bleiben halb leer. Für PUR kein größeres Problem, denn immerhin sind das lediglich 2 von 120 Auftritten. Insgesamt sehen PUR trotzdem über 200 000 begeisterte Fans kreuz und quer durch die ganze Bundesrepublik. »Ausverkauft« steht sogar im konzertverwöhnten Hamburg und bei einem Konzert in Belgien auf den Programmen. Dann, knapp zwei Jahre später, der absolute Triumph: Während der *Seiltänzertraum*-Tour werden über eine Million Zuschauer gezählt. Den Beginn der Tournee markiert ein Ereignis der besonderen Art: eine eingedrückte Eingangstür in Pforzheim, die zu dünn war für 5000 PUR-hungrige Fans. Doch nichts kann PUR bremsen, nicht einmal der gebrochene Arm des Frontmanns Hartmut. Seltsam ist dabei nur eines: PUR hat heute nicht weniger Erfolg als beispielsweise Müller-Westernhagen, doch diese Tatsache ist nur wenigen bekannt. Bloß die Fans wissen es genau. Denn die *Abenteuerland*-Tournee ist schon vor Beginn der Werbekampagne ausverkauft. Noch besser: Schon Wochen vor dem ersten Konzert sind zwei Drittel der Tickets verkauft, obwohl das Album noch gar nicht auf dem Markt ist. Das gab es noch nicht in der deutschsprachigen Rockmusik.

Nicht nur in Deutschlands Konzerthallen sind PUR aktiv. Schon 1990 spielen sie vor 100 000 Zuhörern im Hockenheimring mit den Simple Minds und Tina Turner; ein Jahr später treten sie im Vorprogramm von BAP bei fünf Open-airs auf. Auch 1992 geht es an die frische Luft. PUR muß bei den Open-airs von Eric Clapton und Joe Cocker in Dortmund, München und Berlin als Vorgruppe ranhalten. Beim »Rock over Germany«-Festival in München dann der Beweis: Mit dem Applaus als Thermometer steht meßbar fest, daß PUR die absoluten Publikumslieblinge sind, trotz hochkarätiger Konkurrenz. Kein Wunder, daß für PUR der Sommer 1993 zum Höhepunkt wird, gerechter Lohn der jahrelangen Mühen. Doch schon ruft wieder die Arbeit, wenn ab September endlich die von allen lang ersehnte *Seiltänzertraum*-Tour beginnt.

Rund 120 Konzerte geben PUR von September 1993 bis April 1994. Klar, daß das einen krönenden Abschluß braucht. Vor der einjährigen Schöpferpause machen sie im Juli 1994 ein reines PUR-Open-air. Daheim in Bietigheim. Als geeignetes Gelände wird flugs der Pferdemarktplatz am Viadukt auserkoren. Immerhin 12000 Quadratmeter Fläche für die erwarteten 20000 Fans. Der Platz vor der schnell installierten Riesenbühne wird umzäunt und darf von nun an nur mit gültigen Karten betreten werden. Ein 30 Mann starkes Sicherheitsteam wacht über den reibungslosen Ablauf, die Getränke- und Imbißstände übernimmt der örtliche Eishockeyverein. Die Stadt läßt zusätzliche Schilder an den Straßen anbringen, obwohl ein Verlaufen auf dem Weg zu dem Großereignis praktisch nicht möglich ist – wer übersieht schon 20000 Menschen, die in eine Kleinstadt einfallen. Geradezu Kriegsstimmung verbreitet das Rote Kreuz. An den Begrenzungen des Platzes werden drei Sanitätsstationen eingerichtet. Keine schlechte Idee, denn bei erwarteten 30 Grad Celsius wird es kaum weniger Kreislaufkollapse geben als in einer Halle.

Doch nicht nur die Fans haben es schwer; auch die PUR-Musiker müssen Vorsorge treffen. Wie bereitet sich beispielsweise Hartmut auf eine Tour vor? »Ein paar Wochen vor der Tour fange ich damit an, keinen Alkohol zu trinken, viel Sport zu treiben und eine 1500-Kalorien-Diät zu machen. Ich versuche schon, das professionell anzugehen.« (*Fachblatt Musikmagazin* 11/95) Dann ist Schwarz die Vorzugsfarbe des Sängers: »Ich hab' fünf Kilo zugenommen, und ich muß versuchen, das Hauptaugenmerk auf mein Gesicht und die Hände zu lenken.« (*WOM Journal* 12/95) Die übrigen Bühnenkleider entstehen buchstäblich bis zur letzten Sekunde. Wohl durchdacht und trotz des wirtschaftlichen Erfolgs immer auch auf die Kostensenkung bedacht. So wird das Bühnenoutfit so konzipiert, daß man es nicht gleich wegwerfen muß. Aber auch praktische Kriterien müssen beachtet werden. Die Musiker tragen nur Materialien, die den Schweiß gut aufsaugen und möglichst keine häßlichen Schweißflecken zeigen. Das alles muß bedacht werden, bis kurz vor dem Auftritt. Und daß während der Show ordentlich Schweiß fließt, versteht sich ja von selbst.

Niemand, der einem den Schweiß nach dem Konzert abwischt? Keine Freundinnen, die die Musiker ein wenig pflegen und hegen? Sind die Partnerinnen der Musiker denn nicht automatisch dabei, wenn es auf Tournee geht? »Normalerweise nicht. Auf Tour sitzt man oft zusammen, fährt gemeinsam im Tourbus. Man hat untereinander viel zu reden. Wenn sich dann einer abkapselt, weil seine Frau da ist, dann ist das für ein Gesamt-Feeling nicht so positiv.« (*Bravo* v. 16. 9. 93) Dann müssen die PUR-Frauen auch keine Angst haben, wenn Joe den Kleinbus fährt. Sie haben zwar auch einen großen Tourbus, doch darauf und auf anderen Luxus zu verzichten, gehört zum PUR-Image. Zudem fahren sie in den Tourpausen gerne mit ihren Privatautos zurück nach Hause, zu ihren Familien. »Wir nehmen nur ein Hotel, wenn wir weiter als vier Stunden von Bietigheim entfernt spielen«, sagt Hartmut (*Bravo* v. 7. 12. 95). Das kommt öfter vor, denn immerhin werden es auch schon während der *Nichts ohne Grund*-Tour 1991/92 genau 102 Konzerte. Es ist die erste Mammuttournee quer durch Deutschland. Acht Monate dauert die Reise diesmal. Eine lange Zeit, in der sie nur zusammen mit der Crew von einem Ort zum anderen tingeln. »Einmal ist uns sogar auf der Fahrt mitten in der Nacht der Sprit ausgegangen«, lacht Joe. »Wir saßen frierend und zähneklappernd auf der Autobahn fest, bis wir mit Hilfe eines freundlichen Lastwagenfahrers endlich etwas Sprit organisieren und in der Morgendämmerung dann weiterfahren konnten.« (*Stuttgarter Zeitung* v. 16. 9. 92) Trotz aller Unannehmlichkeiten sind die Konzertreisen für PUR wichtig, damit der persönliche Kontakt zu den Fans nicht abreißt. »Ein wenig Zigeuner-Mentalität muß man schon in sich haben und natürlich die Sucht nach Musik«, sagt Ingo (*Südwestpresse* v. 21. 8. 93).

Besonders nervenaufreibend ist die Zeitspanne vor dem Auftritt. Es ist jedes Mal dasselbe. Alle wollen etwas von Roland, dem Manager. Am liebsten würde er sich manchmal im Klo verschanzen, doch selbst da müßte er wahrscheinlich noch Autogrammkarten unterschreiben. »Ich habe Glück«, nimmt er es mit Humor, »mein Name ist einer der kürzesten.« (*WOM Journal* 12/95) »Hält die

Stimme?« fragt Hartmut immer wieder. Er macht sich Sorgen, beruhigt sich aber gleich wieder. »Ich glaub', ich bin doch ein Hypochonder«, bekennt er (*Stuttgarter Zeitung* v. 2. 11. 91).

Kein Wunder, denn gerade die letzten Minuten vor dem Autritt zerren besonders an den Nerven. Lampenfieber nennt man diesen Zustand, und es macht die Musiker sympathisch, daß sie es haben. Daß sie nicht abgebrüht rausgehen, ohne jede Unsicherheit und ohne jegliche Angst. »Es ist schon komisch«, erzählt Hartmut, »nach 86 Konzerten, auf denen uns rund 130 000 Leute gesehen haben, schlottern mir immer noch die Knie. Dabei haben wir eine so gute Crew, daß wir fünf es uns erlauben können, kurz vorm Auftritt aus unserer Heimatstadt anzureisen und auf die Bühne zu hopsen.« (*Bravo* v. 7. 5. 92) Doch so einfach geht das »Auf-die-Bühne-hopsen« nicht, denn die PUR-Musiker sind abergläubisch. Wie fast alle Bühnenkünstler haben sie sich an ein bestimmtes Zeremoniell gewöhnt, ohne das gar nichts geht. Kurz vor dem Auftritt passiert folgendes: im Kreis aufstellen, tiefer Blick in die Augen, gegenseitiges Auf-die-Hände-klatschen nach einem ausgeklügelten Rhythmus – und dann ab die Post. Eine tatsächlich wichtige Übung, auch wenn es blöd aussieht. Es ist wie ein Schlüssel, mit dem man eine Tür aufsperrt, um daraufhin frei und ungehindert loslegen zu können; durchaus nachahmenswert.

Natürlich bleibt diese Zeremonie den Musikern vorbehalten, denn wenn das die ganze Firma machen würde, wäre keine Zeit mehr für ein Konzert. Auf der Tour sind sie heute rund 60 Leute. Oft müssen sie täglich das ganze Equipment aufbauen, einrichten, bespielen, wieder abbauen, einpacken und weiterfahren. Dazu braucht man eine Spitzen-Crew mit Leuten, die wissen, wann und wo sie gebraucht werden. Genaugenommen haben PUR während der Tournee zwei Teams beschäftigt, die im Schichtbetrieb die neuen Konzertorte für die Show vorbereiten.

Es gibt viel zu tun. Beispielsweise beim Open-air unter dem Viadukt: Allein der Transport der Verstärkeranlage benötigt vier große Sattelschlepper. Die 80 Lautsprecherboxen, die an der Bühne hängen, kommen ja nicht von selbst angeflogen. So gehören zum Team 14 Helfer, dabei natürlich auch ein paar Gerüstbauer. Um nicht am öffentlichen Stromnetz zu hängen, bringt PUR die bandeigene Stromversorgung mit: riesige Dieselaggregate liefern den notwendigen Strom; allein das Licht wird mit 200000 Volt betrieben.

Selten kommt es vor, daß PUR ein Konzert ausfallen lassen müssen. Nur einmal, 1993, muß Harmut operiert werden, nachdem er einen Unfall hatte und sich den Oberarm gebrochen hat; eine Woche Krankenhaus, das macht sieben Konzerte, die deshalb abgesagt werden müssen.

Andere Beinahe-Absagen wenden sich in letzter Sekunde zum Guten. Düsseldorf, an einem ganz normalen Oktobertag im Jahre 1992. Alle sind bereit, rund 6500 Fans warten auf PUR. Was sie nicht wissen, ist, daß Hartmut, Ingo und Roland in einem Autobahnstau festsitzen. Nichts geht mehr, weder vor noch zurück. Kurzerhand flüchten sie zu Fuß von der Autobahn, fahren mit einem Taxi zum Bahnhof und dann mit dem Zug zum Konzert. Mit einer Polizeieskorte treffen sie vor der Halle ein.

Bei über 100 Konzerten erleben rund eine Million Fans PUR live. Erstaunlich, daß die Musiker dabei keine Anzeichen von Müdigkeit zeigen, sondern – im Gegenteil – zum Tourende hin immer besser werden. »Aber das versuchen wir eigentlich bei jedem Gig, selbst im kleinsten Club.« (*Bravo* v. 8. 12. 94) Was waren das noch für Zeiten, als die erste Tournee nur eine Zugabe des Bundesrockpreises war.

Nach dem ersten Album *PUR* 1987 und der Single *Hab' mich wieder mal an dir betrunken* bucht PUR die erste große Tour mit fast 100 Konzerten während der nächsten zwölf Monate; die Tourneephase in Norddeutschland wird eine wichtige Rolle spielen, um dort bekannter zu werden. Dann die Deutschland-Tournee 1990, während der die Gruppe allein in Baden-Württemberg über 12 000 Zuschauer begeistert; der Zuschauerschnitt pro Konzert liegt damals noch bei 800 Personen – heute schaffen sie die 12 000 in einem einzigen Konzert. Doch bis es soweit ist, muß sich die Band ihr Publikum mühsam erspielen: Mit den Live-Konzerten erzielen sie zudem den größten Teil ihrer Einkünfte.

Es vergehen anstrengende Jahre bis zur *Abenteuerland*-Tour, die von Herbst 1995 bis Frühjahr 1996 geht. Und dann im Sommer 1996 schließlich die großen Open-airs. Was das bedeutet, ist klar: Fast schon militärische Vorbereitung im ganz großen Stil ist erforderlich – fast ein Feldzug mit vielen Schlachten. Und dann endlich ist es soweit, alle Vorbereitungen sind getroffen. Wenn es »Guten Abend, Pforzheim!« heißt, fällt zugleich der Startschuß zum ersten Auftritt, der offiziell noch unter »öffentliche Generalprobe« firmiert.

10

Licht, Ton & Bühnentechnik

Ohne Unterstützung könnten die fünf PUR-Musiker kein einziges Konzert geben, geschweige denn eine komplette Tour ausrichten. Am Erfolg der Gruppe sind noch eine Menge weiterer Personen »schuld«. Allein die Arbeit während einer halbjährigen Tournee ernährt bei PUR über 50 Mitarbeiter. Als wichtigste Helfer stehen Licht-Chef Tom »Osram« Schwille, Ton-Chef Frieder »Petz« Baer (Tontechnik) und Bühnen-Chef Rainer »Hägar« Nagel zur Seite.

»Firma PUR« nennt Hartmut die Band manchmal, und es ist nicht übertrieben. Immerhin sind die drei von Beginn an als Mitgesellschafter zu gleichen Teilen wie die Musiker an den Umsätzen beteiligt. Nicht gerade üblich in einer Branche, in der Roadies oft wie Sklaven gehalten werden. »Wir haben inzwischen die bestbezahlten Roadies Deutschlands«, beschreibt Joe die Situation. Und: »Bis vor vier Jahren war das mehr ein Job für Idealisten.« (*Stuttgarter Zeitung* v. 2. 11. 91)

In noch einem Punkt unterscheidet sich PUR von anderen Gruppen: Die wichtigsten Aufgaben sind nicht an Fremdfirmen vergeben, sondern an Mitglieder des Verwandten- und Freundeskreises. Typisch schwäbisch, könnte man sagen, doch es ist einfach nur praktisch. PUR hat gerne die Kontrolle darüber, was mit den erspielten Millionenumsätzen passiert. Dieses Vorgehen hat alte Tradition, denn die Musiker machen von Beginn an alles selbst. Es ist nur verständlich, daß sie jetzt, wo die Absahner die Hand aufhalten, nicht darauf eingehen. PUR haben sich dagegen entschieden, für Agenturdienste oder andere an sich überflüssige Leistungen Provisionen zu bezahlen, die schnell ein Viertel des Umsatzes ausmachen können. So hat PUR auch keinen Tourveranstalter engagiert, der mit den örtlichen Konzertveranstaltern verhandelt. Das machen PUR selbst. So sparen sie Geld, wie auch bei der gewaltigen Anlage; anstatt immer wieder komplette Fremdanlagen zu mieten, haben sie lieber eine eigene gekauft.

Frieder ist Herr über die Tonanlage. Verstärker und Boxen haben einen Wert von gut einer Million Mark. Die Gruppe entschließt sich, für die *Abenteuerland*-Tour ausnahmsweise keine Anlage zu kaufen, sondern eine zu mieten. Das kostet zwar auch 200000 Mark für die gesamte Tour, ist aber langfristig wirtschaftlicher. Denn bei der rasanten technischen Entwicklung heutzutage gehört die 70000 Watt-Anlage in zwei Jahren schon wieder zum alten Eisen; da ist Mieten wirklich billiger. Frieder weiß, was er tut. Er kennt die Abmessungen aller Konzerthallen und die jeweiligen Schwachpunkte, was die Resonanz betrifft. Die Suche nach der besten Anlage für die Tour ist eine zeitaufwendige Angelegenheit. »Ich bin in sechs Monaten 18000 Kilometer quer durch

Deutschland gefahren, um mir verschiedene Anlagen anzuhören. Am 1. Mai habe ich dann in dieser Halle sieben Anlagen gegeneinander antreten lassen«, berichtet er (*WOM Journal* 12/95). Kurz darauf steht die Anlage wie eine Eins, alle Kabel sind verlegt, nichts kracht oder knackt. Weil Frieder in seinem Job ein Meister ist, mixt er gelegentlich auch für andere Bands den Ton.

Privat spielt er am liebsten mit seinen Zwillingen, ist Motorradfan, mag Musik und Bücher.

Das Konzert ist vorbei. Einige Zuschauer stehen noch herum, versuchen einen privaten Blick auf die Musiker zu erhaschen. Was niemand mitbekommt ist, wie in der Halle die Bühne wie von Zauberhand verschwindet. Das gewaltige Bühnengerüst, die überdimensionalen Boxen und die Scheinwerfer – alles scheint sich in Rauch aufzulösen. Dabei werdem die Teile nur ordentlich in den LKWs verstaut. Was so geisterhaft leicht aussieht, geht nicht von selbst. Die Bühnenorganisation ist Rainers Domäne, Abbau mit inbegriffen. Er kennt die PUR-Musiker, wie übrigens auch Frieder und Tom, noch aus der Zeit, als sie Crusade hießen. Besonders beliebt ist Rainer wegen seiner stoischen Ruhe. Es soll noch nichts gefunden worden sein, was ihn aus der Ruhe bringt.

Auch Licht-Chef Tom ist nicht gerade ein nervöser Typ. Er bleibt die Ruhe selbst, auch wenn er mal ein paar Nächte durchgemacht hat. Nur, damit keine Mißverständnisse auftreten – Tom macht nicht in Kneipen durch, sondern er arbeitet auch nachts, wenn es sein muß; manchmal müssen es sogar drei Nächte hintereinander sein.

Bereits seit der Crusade-Zeit beleuchtet er den Musikern die Bühne, ist also mit der Band gewachsen. Damals sitzt er noch vor einem Holzkasten, den ihm der Vater gebastelt hat. Die »Lichtorgel« besteht aus ein paar Glühbirnen, doch auch damit kann Tom etwas zaubern. Heute ist er Chef über acht Beleuchter, Licht- und Vorhang-Roadies. So ganz geheuer ist ihm noch nicht in dieser Rolle: »Wir sind von der Kreisliga direkt in die Bundesliga aufgestiegen. Das ist eine Größenordnung, in die wir alle jetzt erst einmal reinkommen müssen. Vielleicht sind wir in gewisser Weise noch nicht so professionell, wie es sein sollte, aber dafür arbeiten hier ja auch nur Leute aus dem direkten Umfeld. Schließlich sitzen wir ja auch etliche Monate lang jeden Tag eng aufeinander.« (*WOM Journal* 12/95) Angenehm für Toms Mitarbeiter ist, daß ihm die neue Dimension nicht zu Kopf gestiegen ist. Es fällt kein lautes Wort, sondern es herrscht ein geradezu vertrauter Umgangston. Tom läßt den Chef nicht heraushängen, ebenso wie seine Kollegen und die Musiker selbst. Ein großes Team, das Entscheidungen gemeinsam trifft, ohne in Hektik auszubrechen.

Mit Frau und Tochter lebt Tom in Bietigheim. Dort wird er auch bleiben, so wie seine Vorfahren schon seit 350 Jahren dort leben.

Der Job der Roadies ist die eigentliche Knochenarbeit. Selbst, wenn die ersten Zuschauer in die Halle stürmen, sind sie noch fleißig: Der Dreck und überflüssige Bühnenmaterialien müssen weggeräumt, sowie verrohrte Arbeitsplattformen zerlegt werden. Alles muß sauber sein, wenn das Konzert beginnt. Steht die Bühnenabsperrung richtig? Halten die komplizierten Verdrahtungen der Bühnenkonstruktion? Alles Punkte, die in fieberhafter Eile nochmals gecheckt werden müssen. Endlich haben die Roadies ein wenig Pause. Dann heißt es, sich ausgiebig die Hände zu waschen und zu warten, bis nach dem Konzert alles wieder abgebaut werden muß. Es ist ein hartes Brot, insbesondere, weil die Zugänge zu den Konzerthallen oft recht verwinkelt sind. Ob Scheinwerfer, Boxen oder Verstärker, alles muß oft durch enge Treppenhäuser in den Saal geschleppt werden. Daß hier ausschließlich Profis am Werk sind, zeigt die stets entspannte Atmosphäre und der freundschaftliche Umgangston, selbst wenn es mal eng wird. »Es macht trotz zeitweiligem Streß wirklich Spaß, da mitzuarbeiten«, bestätigt ein Neuer in der Roadie-Crew und bereut seinen Entschluß, bei PUR zu arbeiten, keine Sekunde.

Es gibt noch eine Roadie-Crew, die sich die Hände nicht schmutzig machen muß: Die Instrumenten-Roadies, auch Backliner genannt. Da die PUR-Musiker vor den Konzerten viel zu sehr mit sich selbst und mit Interviews beschäftigt sind, führen in der Regel die Roadies den Soundcheck durch. Frieder dient dieser Test zum Justieren der Tonanlage. Manchmal macht ihm das zu schaffen, denn die Roadies spielen völlig anders als die PUR-Musiker. Klar, irgendein hörbarer Unterschied muß schon sein zwischen Bühnenhelfer und Star.

Damit aber noch nicht genug. Neben den vielen Ungenannten nimmt Utz Fehler eine wichtige Rolle bei PUR ein. Als Chauffeur und »Mädchen für alles« sitzt er in einer Schlüsselposition, ist ein echter Vertrauensmann. Er ist es beispielsweise auch, der das gigantische Openair unter dem Bietigheimer Viadukt organisiert. Keine einfache Aufgabe, denn der Auflauf von 20000 Fans verlangt ein perfektes Management. Bei den Hallenkonzerten zeigt Utz der örtlichen Security-Mannschaft, auf was sie besonders achten sollen. Auf die Ordner zwischen Bühne und Absperrung wirft Hartmut persönlich ein Auge: »Sie dürfen den Fans keine Wasserflaschen an den Kopf schmeißen«, sorgt er sich. »Leider hat man immer so ein paar Arschlöcher unter den Ordnern. Ich stehe vor 10000 Leuten und bemühe mich, ein gutes Konzert zu geben – und dann sitzen vor mir im Graben zwei Security-Leute und spielen Skat. Denen hab' ich Wasser auf den Kopf gegossen und sie sofort austauschen lassen.« (*WOM Journal* 12/95)

Bemühen die meisten großen Gruppen für die Bühnendekoration Messebaufirmen, erledigen auch das PUR selber. Sabine ist Herrin über die Tour-Nähmaschine, ihre Helferinnen stecken in Windeseile die Nähte ab. Das Objekt, um das sie sich versammeln, ist eine ein paar hundert Meter lange Stoffbahn für die Bühnenvorhänge. Da nicht den Überblick zu verlieren, ist ein Kunststück, das dem Team so schnell keiner nachmacht.

Dann noch Catering-Chefin Elke und Köchin Monika. Elke beherrscht ihr Metier ebenfalls aus langer Erfahrung, zum Beispiel beim Catern von 60 Folgen der Koschwitz-»Nacht-Show«. Während der *Abenteuerland*-Tour hat sie für wenig andere Dinge Zeit, denn gegessen wird rund um die Uhr. Praktischerweise wohnt sie das gesamte halbe Jahr gleich im Anhänger ihres Küchen-LKW. Die PUR-Musiker sind bescheiden – auch beim Essen. Alle speisen gemeinsam, Crew und Musiker essen, was auf den Tisch kommt. Es hat sich eingespielt, was die meisten mögen: ein vegetarisches Gericht pro Tag, und sonst Hausmannskost. Es darf ruhig deftig sein, denn die schwere Arbeit macht einen Bärenhunger. Wer alkoholische Getränke will, muß in eine Kneipe gehen. Vielleicht mal ein Weißbier für die Musiker, ansonsten ist Elke strikt dagegen. Es wird sowieso mehr als genug getrunken auf der Tour, da will sie es nicht auch noch fördern.

Last not least, Hartmuts Schwester: Sie ist nicht nur Rainers Frau, sondern auch Merchandise-Chefin und sorgt für ausreichend Nachschub von PUR-Shirts sowie anderen Fan-Artikeln.

Bleibt noch Hartmuts Freundin Claudia, die mit der PUR-Buchhaltung beschäftigt ist. Während Hartmut auf Tour ist, kümmert sie sich um Hartmuts Angelegenheiten zu Hause, aber auch, wenn er im Studio beschäftigt ist.

11

Wo bleibt das Privatleben?

Sein Leben der Musik verschreiben, heißt unter anderem, den bisherigen Beruf aufzugeben oder zumindest einzuschränken. Auch für die Bandmitglieder von PUR bestimmt die Musik das Leben bis in alle Bereiche. Noch viel mehr: Musik ist für sie geradezu eine alternative Lebensform, in der sie sich selbst ohne Chef und mit eigenem Zeitplan bestimmen können. Die Musiker haben keinen Chef, der sie antreibt; die Kraft von PUR hat andere Quellen: sie entspringt nicht zuletzt auch dem ruhenden Pol ihrer Freunde und Familien. Sicher aber auch dem Umstand, daß sich die Bandmitglieder stets über Musik und Text einigen können.

Richtig genervt haben sie sich in den langen Jahren ihrer Zusammenarbeit angeblich noch nie. »Aber inzwischen«, räumt Hartmut ein, »ist es auch nicht mehr so, daß wir miteinander in die Ferien fahren. Wenn man ein wenig älter ist, braucht man einen Freiraum, um mal nachzudenken.« (*Music News* 9/95)

Nur, wenn sie nach Amerika fliegen, tun sie das meist zusammen. Nicht grundlos, und nicht aus Angeberei. Ein Großteil der CD-Produktion wird in US-Studios produziert. »Das klingt zwar toll, wenn du das jemandem erzählst. Aber von den Kosten fällt nur der zusätzliche Flug an. Und schließlich verbinden wir unseren Amerikaaufenthalt gleich mit einem Urlaub.« (*Stuttgarter Zeitung* v. 30. 7. 91)

Und Frauen? Können Liebschaften die Band gefährden? Natürlich gibt es Probleme, wenn Mädchen in die Band-Aura einbrechen, man kennt das ja von anderen Bands, von berühmten ebenso wie von weniger bekannten Gruppen. Hartmut dagegen weiß genau, wo für ihn die Prioritäten liegen: »Es ist schon hart für ein Mädchen, wenn es dann hört, du, ich liebe dich zwar, aber die Band das ist doch mein Ding!« (*Music News* 9/95) Da wird für das Privatleben vermutlich wenig Raum übrigbleiben. Klar, daß die Freizeit zwangsläufig knapp wird, bei so vielen Alben und den monatelangen Tourneen. Manchmal bedauert Hartmut das. »Früher, wenn wir im Studio wegen einer neuen Platte gejobbt haben, dann ging das immer bis mindestens 12 Uhr nachts oder bis drei Uhr, manchmal die ganze Nacht durch. Ingo und ich sind jetzt beide geschieden, und wir haben keinen Bock mehr, daß das noch mal so kommt.« (*Bietigheimer Zeitung* v. 19. 8. 95)

Überhaupt sind die Musiker bescheiden geblieben. Die Freunde sind dieselben geblieben, auch wenn sie keine Millionäre sind. »Wir sind keine Luxusfreaks, stehen absolut nicht darauf, mit Kohle zu protzen. Wir haben jeder ein Haus und ein Auto, das nicht gleich an der nächsten Ecke zusammenbricht. Aber wir fahren nicht

Ferrari oder bewohnen Villen in Acapulco. Wir haben keine großen materiellen Wünsche. Wichtig ist für uns, bewußt zu leben.« (*Bravo* v. 26. 7. 95) Sehr zurückhaltend ausgedrückt. Und auch das macht PUR so sympathisch. Selbstverständlich haben sich die langen Jahre ihres Erfolgs bezahlt gemacht, so daß ihre Häuser längst abbezahlt sind.

Das war nicht immer so. Lange Zeit wohnt Hartmut mit seiner damaligen Frau Ute in einer schmalen Dachwohnung im Haus seiner Eltern. Erst nach den ersten großen Erfolgen fassen Hartmut und Ute den Entschluß, ein eigenes Haus zu bauen. Nicht weit weg, gleich im Garten des Elternhauses, so daß die Adresse dieselbe bleibt. Nicht irgendein Haus, sondern ganz umweltbewußt mit natürlichen Materialien, bis dann das Paar endlich in das rosa Haus einziehen kann. Daß Hartmut gemeinsam mit seinen Eltern auf einem Grundstück lebt, mag auch aufzeigen, wie sehr sich PUR mitsamt Umfeld als Großfamilie sieht.

Noch ahnt Hartmut nicht, daß er einmal alleine in dem großen Haus wohnen wird. Daß bald fast alle Möbel verschwunden sind, denn seine Frau Ute nimmt bei ihrem Auszug nahezu die gesamte Einrichtung mit. Danach steht das Haus fast leer. Hartmut würde sogar am liebsten woanders übernachten. Vor allem, wenn er die leeren Räume sieht, die als Kinderzimmer geplant waren.

Was ist passiert? Weshalb sind Hartmut und Ute nach nur zweijähriger Ehe seit Ende 1993 geschieden? Wie kann so etwas passieren? Woran kann es liegen? Natürlich nicht nur an Hartmut alleine, denn jeder hat seine Macken. Aber mehr Anlaß zu Verdruß könnte er schon gegeben haben, in dieser Beziehung. Alleine durch seine monatelange Abwesenheiten, wenn er auf Tournee ist. Logisch, daß man sich da irgendwann auseinanderlebt. Ute ist anscheinend die falsche Frau für Hartmut, solange er so intensiv Musik macht. Sie ist nicht der Typ, der zuhause brav wartet, bis der Mann wieder zurückkommt von seinen Ausflügen in eine andere Welt. Und so kommt, was kommen muß: »1993 während der ›Seiltänzertraum‹-Tour kam ich für ein paar freie Tage nach Hause«, erzählt Hartmut. »Da erklärte mir meine frühere Ehefrau, daß sie sich in einen anderen Mann verliebt hatte. Sie hatte mich monatelang mit ihm betrogen. Damals brach für mich eine Welt zusammen.« (*Bravo* v. 28. 9. 95)

In solch einer Situation zeigt sich der Vorteil einer ansonsten intakten Großfamilie. Nicht nur Hartmuts Angehörige, sondern vor allem die anderen Bandmitglieder kümmern sich rührend um Hartmut. Trösten ihn, wenn der Schmerz wieder hochsteigt, vertreiben ihm die Zeit in endlosen, schlaflosen Nächten. »Schoschonentreue« pur, nicht anders kann man die tiefe Freundschaft zwischen den Musikern bezeichnen. Es dauert Monate, bis Hartmut den Schock überwunden hat. Lange Zeit ist er nicht imstande, eine neue Beziehung einzugehen. Dann lernt er 1994 in einem Fernsehstudio in Saarbrücken Claudia kennen. Es ist Liebe auf den ersten Blick, und sie schafft es, Hartmut aus seiner tiefen Depression zu holen. Hartmuts neue Freundin zieht nicht sofort bei ihm ein. Zu frisch sind die Wunden. Vorläufig bleibt sie in Kaiserslautern wohnen, und die beiden sehen sich nicht jeden Tag. Hartmut ist vorsichtig und abwartend geworden, bevor er in ein weiteres Desaster schlittert. Bis er sich wirklich sicher ist, daß Claudia seine Traumfrau ist, vergeht einige Zeit. Aber dann soll es die ganze Welt erfahren. Auf dem Album *Abenteuerland* findet sich der Single-Hit *Ich lieb dich (egal wie das klingt)*. Wen er damit meint? Na, Claudia natürlich, wen denn sonst. Und mittlerweile wohnen die beiden auch zusammen.

Jetzt paßt Claudia auf Hartmut auf, wenn ihn sein größtes Laster packt. »Ich esse und trinke leidenschaftlich gern, habe gerade wieder fünf Kilo zuviel. Auf der Tour verlier' ich die dann schnell. Außerdem bin ich wahnsinnig ungeduldig. Und wehleidig.« (*Bild und Funk* v. 1. 9. 95) Ehrliche Worte für einen Mann, der so erfolgreich ist wie kaum ein anderer. Ist er noch der Alte geblieben, oder ist jetzt alles anders, mit dem vielen Geld? Hartmut sagt: »Ich wollte nie ein Popstar sein, sondern einfach nur überleben.« (*Hamburger Morgenpost* v. 20. 10. 95) Das kann er jetzt gut. Und es sind die anderen, die sich nun seltsam verhalten. Hartmut selbst bleibt, wie er ist. Und bei manchen Annehmlichkeiten des neuen Daseins gibt es einfach keinen Grund, sich dagegen zu wehren. »Wenn es früher für mich selbstverständlich war, mir auf einer Party selber ein Bier zu holen, weiß ich jetzt genau, irgend jemand wird das schon tun, weil es mir keiner zumutet, so was selbst zu machen. Man rutscht da schon so rein.« (*Bietigheimer Zeitung* v. 19. 8. 95)

So, wie man in die Golfer-Szene hineinrutscht. »Ingo hat mich zu diesem Sport überredet. Ich habe Golf früher immer verabscheut, dachte, das ist bloß ein Sport für Millionäre. In Wirklichkeit ist Golf eine permanente Übung in Bescheidenheit und Demut. Denn sobald man einen guten Schlag gelandet hat und denkt – aha, jetzt kann ich's, landet der nächste im Gebüsch, und das läßt einen völlig verzweifeln. Ich habe immerhin Platzreife, aber noch kein Handicap bei einem offiziellen Turnier erworben. Ingo ist mir ja um Klassen überlegen.« (*Bravo* v. 26. 7. 95) Aber Hartmut spielt nicht nur Golf. Damit er für die Anstrengungen auf der Bühne fit ist, joggt er auch, spielt Badminton und Tennis. Und für sein neues Hobby Golf muß er zwangsläufig in einen Club eintreten, denn Golfbälle kann man nicht auf der Straße schlagen. Doch Hartmut ist kein Angebertyp. Er mag kein Schicki-Micki-Getue, tritt in einen ganz normalen Club ein, in dem jedermann spielen kann.

Da ist Hartmut wie sein Bandkollege Ingo. Der hat ihn ja auch zum Golfen überredet. Nur, daß Ingo ein bißchen beser spielt. Handicap Zehn beim Golfen zu erreichen, mehr wünscht er sich nicht für die nächste Zukunft. Das war schon mal problematischer, denn auch Ingo hatte Pech in seiner ersten Ehe. So haben Texter Hartmut und Komponist Ingo einen guten Grund mehr für ihre dicke private Freundschaft. »Wir kennen jeder die Stärken und Schwächen der anderen. Wir sind wie eine Familie«, verrät Ingo das Erfolgsrezept von PUR (*Hamburger Morgenpost* v. 20. 10. 95). So wie früher, als

Ingo in der Schule bei Roland abgeschrieben hat und Hartmut Klavierstunden gegeben hat.

Bei soviel Freundschaft haben die Frauen einen schweren Stand. Auch Rolands Frau Kerstin geht der Lebensrhythmus der Band während der Touren oft auf den Geist. »Mir wär's lieber, der Roland wäre einfach Maler oder so«, moniert sie. »Auf jeden Fall hätte ich Roland lieber öfter bei mir in Bietigheim.« (*Gala* v. 1. 6. 94) Der wäre sicher auch lieber öfter zuhause, aber die Hallen voller Fans kommen nun mal nicht nach Bietigheim; und so eine Tournee ist zeitaufwendig. Nicht nur für seine Frau, auch für sein Hobby als Höhlenforscher hat Roland weniger Zeit als früher. »Ich gehe gern campen«, sagt Roland. »Dort genieße ich das einfache Leben, wie wir es früher alle kannten. An dem Small talk der Promis habe ich immer noch kein Interesse.« (*Gala* v. 1. 6. 94) Lieber entdeckt er neue Höhlen; eine hat er schon entdeckt, in der schwäbischen Alb, und die trägt seinen Namen. Ob er da gerne einmal eine kleine Anlage mit hinunter in die Tiefe nehmen möchte, um den PUR-Sound im Echo tropfender Felswände zu hören? Bestimmt wäre das eine Erfahrung der besonderen Art, die zu einer neuen Bühnen-Dekoration führen könnte. Die Echos kann man ja dank der Synthesizer heute schon hören.

Die wilden Zeiten sind auch für Roland mittlerweile vorbei. Seine Priorität liegt im Management von PUR und natürlich bei seiner Frau – insbesondere, wenn er sagt: »Es gibt doch nix Geileres, als im eigenen Bett aufzuwachen.« (*Stern* v. 1. 9. 95)

Joe Crawford liebt Motorräder und steht auf ausgefallene Kopfbedeckungen

Ob zusammen mit dem Töchterchen auf dem Fahrrad oder auf einer seiner zwei Harleys – Joe balanciert gerne und gut auf zwei Rädern. Nach dem Erfolgsrezept von PUR befragt, weiß er die Antwort sofort: »Der richtige Text zur richtigen Musik!« (*Abenteuerland-Tourheft*)

So wie er der richtige Vater zur richtigen Tochter ist. Nur bedauert er, sie kaum zu Gesicht zu bekommen: »Ich sehe meine Tochter Kimberly viel zu selten. Sie ist erst sechs Monate alt. Bei jeder Gelegenheit nehme ich den Nachtzug nach Hause.« (*Gala* v. 1. 6. 94) So sitzt Joe sehr oft im Abteil, um seinem Töchterchen Kimberly beim Wachsen zusehen zu können. Und nicht nur das. Wenn seine Frau dazu keine Zeit hat, wickelt Joe die Kleine und singt sie in den Schlaf. Ist Joe ein Hausmann, wenn er nicht auf der Bühne steht? »Der Alltag bewahrt einen vor dem Abheben«, erklärt er. (*Hamburger Morgenpost* v. 20. 10. 95)

Auch Rudi ist ein Familientyp. Im Oktober 1994 wird er zum ersten Mal Vater: Es ist ein Sohn. Klar, daß das freudige Ereignis mit den Bandkollegen zusammen gebührend gefeiert wird. Der Nachwuchs, so Rudi wohlmeinend, soll einmal selbst entscheiden dürfen, ob er auch Musiker werden will. Und falls doch, ist er bei seinem Vater gleich bestens aufgehoben; nach wie vor gibt Rudi Gitarrenunterricht. Was früher für ihn Broterwerb war, ist heute für ihn auf andere Weise wichtig: »Durch die Arbeit mit den Schülern bleibt man auf dem Teppich, und solange sich das Unterrichten mit der anderen Arbeit vereinbaren läßt, will ich es beibehalten.« (*Abenteuerland-Tourheft*)

Daß Rudi ein ruhigeres Temperament als Hartmut hat, stört ihn überhaupt nicht – im Gegenteil: »Ich steh' gerne in der zweiten Reihe hinter dem Hartl«, sagt er. »Da kann ich ins Freibad gehen, ohne daß mich jemand erkennt.« (*Hamburger Morgenpost* v. 20. 10. 95) Da muß er heute nicht mehr hin. In seinem neuen Haus hat er ein eigenes Schwimmbecken und kann seinem Hobby frönen, ohne das Haus verlassen zu müssen. Mit dem Einzug in die neue Bleibe zeitlich verbunden ist Rudis Heirat. Im nahen Freiberg gibt er seiner Freundin Annette noch vor der *Abenteuerland*-Tour das Jawort; ganz romantisch, mit kirchlichem Segen.

Markus gehört nicht zu den PUR-Musikern. Erwähnt werden soll er an dieser Stelle aber aus zwei Gründen: Erstens ist er ein Cousin von Hartmut und gehört somit zur PUR-Großfamilie. Zweitens ist Markus Schlagzeuger und treibende Kraft von Jailbreak. Sie spielen Hardrock, und Markus hat bei seinem Cousin gesehen, was man machen muß, um erfolgreich zu werden. Das erste Demoband ist eingespielt, eine kleine Tour ist zusammengestellt, und alles wartet auf die erste Single.

Natürlich hat Markus mittlerweile auch ein paar Lieder mit deutschem Text komponiert – man weiß ja, daß so was auch ankommen kann. Also heißt es für die zukünftigen Fans dieses neuen Sterns am Firmament noch ein wenig abzuwarten. Vielleicht spielt sich da gerade ein neuer Bundesrocksieger warm?

12

Die leise Redlichkeit

Viele stört der erhobene Zeigefinger an PUR. Die meisten aber sehen keine Belehrungen in den Songs der Musiker. Zugegeben, Hartmut hat sich für das Lehrfach vorbereitet, um Kindern das Leben zu erklären. Doch bei Betrachtung der PUR-Lieder kommt immer mehr der Verdacht hoch, daß die Musiker ausreichend mit sich selbst beschäftigt sind. Denn hauptsächlich autobiographische Erlebnisse fließen in die Songs ein, und man spürt tatsächlich Betroffenheit, selbst wenn dieses Wort einen schlechten Ruf hat. *Noch ein Leben* zum Beispiel, das Lied über den Selbstmord eines PUR-Fans. Ein Schicksalsschlag auch für die Musiker, der musikalisch verarbeitet wird.

Die Kowalski-Serie: Lieder über den deutschen Supertouristen, wie ihn Hartmut im Ausland vorgefunden hat. Sehr treffend gezeichnet, aber auch hier wieder mehr Betroffenheitsgefühl als witzige Karikatur. Selbst wenn Hawaii-Shirt, Strohhut und Riesenbrille zum Lachen anregen sollen. Muß man seine private Meinung millionenfach auf Platte pressen? Nein, man muß nicht. PUR muß es, aber ohne dabei zu zeigen, was »Kowalski« dazu bewegen könnte, sich in der Fremde

Von ihm sind alle PUR-Melodien: Komponist und Keyborder Ingo

so grauenhaft aufzuführen. Gut, es sind musikalische Fotographien. Darauf kann man sich einigen. Auch beim Lied *Nur im Film*, dessen Entstehungsgeschichte allseits bekannt ist: Es ist eine Parodie auf die Regenbogenpresse. »Als dieser gräßliche Unfall in Herborn passierte, kam im Fernsehen eine 45-Minuten-Reportage vom Unglücksort. Ein Tanklastzug war in eine Eisdiele gerast – da konnte dir echt schlecht werden. Und dann? Schnitt. Und die Ansagerin lächelt in die Kamera: ›Sehen Sie nun die neueste Folge der Schwarzwaldklinik‹, erklärt Hartmut den Hintergrund, vor dem der Titel entstand (*Pop-Archiv International* v. 15. 7. 92).

Der Song *Leben* ist zu wichtig, um über die Beweggründe der Musiker zu diskutieren. Zu eindeutig ist, was da passiert, was Hartmut empfunden hat. Für ihn ist klar, daß er ein Lied machen muß, als er nach dem Spielberg-Film *Schindlers Liste* das Kino verläßt. »Auschwitz ist jetzt 50 Jahre her, und die Forderung, die Naziverbrechen endlich zu vergessen, wird immer lauter. Das darf nie passieren! Wir dürfen nie vergessen, was Menschen Menschen antun können, damit sich diese Katastrophe des Holocausts niemals wiederholt!« (*Bravo* v. 28. 9. 95) Da tun PUR wirklich gut daran, darüber laut und oft zu singen, damit auch die letzten mitbekommen, zu welchen Bestien Menschen werden können.

Die allgemeine Freude über PUR-Hits wie *Hab' mich wieder mal an dir betrunken* geht schon ganz am Anfang in ehrfürchtiges Staunen über. Im Song *Bis der Wind sich dreht* beispielsweise zeigt die Band, daß auf der Bühne nicht nur »Heile Welt« vorgegaukelt werden muß. Das Lied entsteht 1987 vor dem Hintergrund der Republikaner-Wahlerfolge und wird seitdem bei jeder Show gespielt. Tatsächlich ist für eine Band solch ein Lied »die geeignete Form, dazu nicht zu schweigen«, wie es im Begleittext heißt. Nein, PUR schweigen nicht. Ganz im Gegenteil. Die entsprechende Bühnenshow belegt das. Und PUR haben diesen Song schon lange im Programm. Nicht erst, nachdem es modern geworden ist, mittels Lichterketten gegen Ausländerhaß zu protestieren.

Trotzdem bleiben Zweifel zurück, wenn man das Publikum bei diesem Lied beobachtet. So viele Fäuste recken sich nach oben; so viele, daß zwangsläufig die Frage aufkommt, ob da nicht ein paar Neonazi-Fäuste dabei sind? Das Ende des Songs ist wirklich eine Erlösung. Die Anspannung weicht, und der Blick richtet sich auf ein Bühnen-Transparent mit einem Atomsymbol und der Zeile »Fuck Chirac«.

Bundeskanzler Kohl bekommt bereits 1991 sein Fett ab. Beim Anti-Wahlkampf-Song *Sag ja* ahmt Hobby-Kabarettist Roland den Kanzler nach, mit Kohlmaske und im Morgenmantel. Ob das daher kommt, daß sich Hartmut einmal dabei ertappt hat, »daß ich zwei Sätze von mir hörte, die hätten von Kohl sein können«. Dafür singt er dann im letzten Wahlkampf für Scharping und glaubt, »daß Bands wie wir mehr für die Werte unserer Gesellschaft tun als die CDU«. (*Stern* v. 1. 9. 95)

Zumindest haben die Fans jetzt eine Erklärung dafür, weshalb Hartmut seinen Ohrring stets am linken Ohrläppchen trägt. Denn die Zeiten, in denen um ihr Ansehen besorgte Männer den Ohrring zum Zeichen ihres Nicht-schwul-seins links tragen mußten, sind doch wohl schon längst vorbei. Aber ernsthaft: auch die soziale Grundeinstellung der Band ist links orientiert, und das nachweisbar. Immerhin läßt PUR seine drei Chef-Roadies zu gleichen Teilen mitverdienen. Wer macht das schon? Da sei auch eine ganz private politische Meinung gestattet, denn für Künstler Hartmut ist »Scharping im Vergleich zu Kohl ein Hoffnungsträger«. (*Focus* v. 10. 7. 95)

Manchmal können politische Äußerungen eine Gratwanderung sein, insbesondere wenn dadurch die gute Laune bei den Konzerten gestört wird. Wenn zum Beispiel Hartmut bei einem Konzert im Jahre 1992 seine gute Erziehung vergißt und dem Kanzler ein Jahrzehnt Besserwisserei nachsagt. Das kommt in diesem Konzert nicht gut an. PUR wird ausgebuht und kassiert jede Menge Pfiffe. Vielleicht wären entsprechende Markierungen auf der Tourkarte angebracht, damit die von Region zu Region völlig verschiedenen Fans wirklich nur das hören, was sie verkraften können. Ausgepfiffen wird PUR im selben Jahr auch, als Hartmut bei einem Konzert in Westfalen den Titelgewinn des VfB Stuttgart an die große Glocke hängt.

Ansonsten hören die Fans in den Konzerten doch lieber keine Sportnachrichten, sondern allgemeine Botschaften wie »Alles wird gut, das Schlimmste ist vorbei«. Das wollen die Konzertbesucher hören, die zu Tausenden in die Hallen drängen. Hat man erst die Eintrittskarte ergattert, gibt es von der Bühne kostenlose Tips zur Krisenbewältigung in fast allen Lebenslagen. Aktuelles Sozialengagement bringt auch der Song *Neue Brücken*, in dem die gesellschaftliche Neuorientierung thematisiert wird. Man spürt jede Minute, daß PUR etwas zu sagen haben, daß die Musiker geradezu erfüllt sind von ihrer Mission, Problembewußtsein rüberzubringen.

Ihre manchmal zugegebenermaßen niedlichen Texte sind im Grunde ein ritueller Reigen. Soll heißen, daß sie sich solchermaßen selbst Mut machen. Als »gutes Gewissen« der deutschen Rockmusik werden PUR gerne bezeichnet. Tatsächlich singen sie über alle großen und kleinen Sorgen, die auch ihre Fans angehen. Ob über berufliche Ängste, abgeschnittene Träume, Respektlosigkeit, Rechtslastigkeit, Alleinsein, Nachweinen der eigenen Jugend oder Todessehnsucht – PUR weiß für jedes Problem eine Lösung, die zumindest über die Zeitspanne des Konzerts hinweg tröstet. Daß PUR dabei keinerlei Scheu zeigen, sich an den allerseits so verpönten deutschen Schlager zu lehnen, ist nicht so schlimm, wie dieses Wort klingt.

Die PUR-Musiker sind Profis, immerhin zum überwiegenden Teil studierte Musiker. Die angesprochenen Themen berühren jeden, egal ob es um Freundschaft, Liebe, Selbstverwirklichung, Treue oder Fremdenhaß geht. Die Texte gehen unter die Haut, sind weit mehr als banale Schlagersprüche. Sie sind auch mehr, als die üblichen Kommentare zur allgemeinen Weltlage, denn es sind keine Redetexte, sondern Musiktexte. Da besteht ein Unterschied, der nicht von allen Kritikern wahrgenommen wird; insbesondere, wenn PUR versuchen »politisch korrekt« zu sein, was schnell komisch aussieht. Weil dann die Fans nicht mehr wissen, ob sie auf dem Kirchentag oder auf einem Popkonzert sind, und das sollte schon klar rüberkommen.

Das mögen harte Worte sein, doch ein kleines Stück Wahrheit liegt auch darin. PUR haben nun mal jede Menge Ratschläge zu jeder Menge Themen. Dabei sind sie stets so redlich, daß man gerne nach einem Heiligenschein Ausschau hält – zumindest aber nach einem Indianer-Lagerfeuer mitten auf der Bühne.

Nur wenn Hartmut in *Kein Krieg* die Schrecken des zweiten Golfkriegs besingt, spürt man ganz besonders persönliche Angst durch. So stehen für den musikalischen Missionar diesmal weltumspannende Probleme ganz oben: »Kein Krieg ist heilig, kein Krieg ist gerecht ...« Die PUR-Fans sprechen die Texte grölend mit. Die sauber gereimten Texte und die aufrüttelnde Musik vermitteln ein gemeinschaftlich wohliges Schauern.

»Wenn jeder ein paar Grundregeln beachtet, dann ist schon viel für das Zusammenleben erreicht.« Hartmut formuliert in seinen Texten, was er selber erreichen will, »ohne es auch tatsächlich alles verwirklichen zu können.« (*Bietigheimer Zeitung* v. 15. 4. 95)

Ein starkes Geständnis, doch eigentlich sind PUR eher die große Ausnahme. Sie reden und singen nicht nur über gute Taten, die zu tun wären – nein, sie versuchen sich auch selbst daran. Für die Cola, die die Musiker während der Touren trinken, werden Privatbecher benutzt, schön säuberlich mit den jeweiligen Namen versehen – wenn das kein effektiver Beitrag zur Müllvermeidung ist.
Auch finanziell läßt die Band sich nicht lumpen, wenn es darum geht, zu helfen. Die Karte für das 1994er-Open-air unter dem Viadukt beispielsweise kostet inklusive Vorverkaufsgebühr 38 Mark. Ein Teil davon kommt der Aktion »Menschen in Not« zugute, die von der *Bietigheimer Zeitung* initiiert wird. In die Redaktionsräume ihrer Heimatzeitung kommen die Musiker im Dezember gleich noch einmal. Wieder gibt es Geld für die Weihnachtsaktion der Zeitung, abermals für in Not geratene Menschen: Diesmal ist es ein Scheck über 15000 Mark.

Ein anderes Beispiel der praktischen Hilfe zeigen PUR kurz vor Beginn der *Seiltänzertraum*-Tournee. Da spielen sie vor 600 Gästen unverstärkt im Gemeindehaus der Bietigheimer Pauluskirche. Man kennt sich, denn dort haben PUR geprobt, als die Band noch Opus hieß. Mit der Hälfte des Konzerterlöses soll eine Flüchtlingsfamilie im Sudan unterstützt werden. Und die andere Hälfte des Geldes wird benötigt, um die heimatliche Kirche nebst Gemeindehaus zu sanieren.

13

Bietigheim-Bissingen bei Ingersheim

Als Stars, die während der Tourneen in Hotelzimmern leben müssen, wissen die PUR-Musiker ihre beschauliche Heimat zu schätzen. Verständlich, daß sie nicht nach Berlin, Hamburg oder Köln umgezogen sind, an die Schaltstellen der Branche. Musik kann man überall machen, anscheinend besonders gut im schwäbischen Kreis Ludwigsburg. Bietigheim-Bissingen hat ungefähr 40 000 Einwohner, besteht aus den Ortsteilen Bietigheim und Bissingen, getrennt durch das Ellental.

In der Stadt beschäftigt man sich nicht nur mit Musik, sondern auch mit Autoteilen, Bodenbelägen, Schraubzwingen, Freizeitmöbeln, Zahnrädern, Hemden, Fruchtsäften und Büchern. Eine ordentliche Palette für eine so kleine Stadt, irgendwo zwischen Stuttgart und Heilbronn.

Nicht weit voneinander entfernt sind die strategisch wichtigen Punkte der Stadt: Die Gymnasien im Ellental, das Bad dort und noch eines am Viadukt, die Enz, der Bahnhof – dazwischen unzählige Kneipen von »McDonald's« über »Schwätzbänkle« bis »Papasitos, Tex

Mex Cantina«. International also und keine Ursache, um auszuwandern. Doch für PUR sind zwei andere Adressen wichtiger: zum einen Rolands Haus, in dessen Keller die PUR-Zentrale sitzt, also das Management der Band. Und dann natürlich das Gemeindehaus der Bietigheimer Pauluskirche, seit Crusade-Zeiten altbewährter Probenraum. Klar, daß die Stadt sich über ihre prominenten Bürger freut. So beispielsweise nach Abschluß der *Nichts ohne Grund*-Tournee, die PUR mit einem Konzert in ihrer Heimatstadt beendet. »Wir freuen uns über Ihren Erfolg und nehmen großen Anteil daran. Sie bringen Glanz in unser Rathäuschen«, begrüßt der Oberbürgermeister die Musiker (*Bietigheimer Zeitung* v. 20. 11. 92).

Da mag Hartmut leise geschmunzelt haben, denn wenn er in Bietigheim ist, ist er eigentlich nur Gast. Hartmut ist aus dem nahen Ingersheim, und da fühlt er sich wohl. »Wenn ich zu Hause bin, bringt mich nichts vor die Tür«, drückt er seine Zufriedenheit aus (*Bravo* v. 3. 2. 94). Die Gemeinde Ingersheim besteht seit Anfang der 70er Jahre aus Gross- und Klein-Ingersheim. Irgend etwas zwischen 5000 und 6000 Einwohnern zählt das Dorf am Neckar, es ist klein und übersichtlich. Dort ist PUR-Frontmann Hartmut geblieben, hat im Garten seines Elternhauses gebaut. Versteht sich, daß die Ingersheimer nicht gerade glücklich sind, wenn PUR als eine Bietigheimer Band bezeichnet wird, zumal auch Joe in Ingersheim wohnt.

Dort herrscht wirkliche Ruhe, und jeder findet sich auf Anhieb zurecht. Allerbestes Klima zum Texten, das leuchtet ein. Und oben im Rathaus auf der Kuppe sitzt auch ein Bürgermeister, der stolz auf PUR ist – eine von beiden Seiten getragene Freude demnach. Er freut sich wirklich, daß Hartmuts Haus in seiner Gemeinde steht, und nicht »irgendwo da draußen«, etwa in Bietigheim-Bissingen (*Neue Züricher Zeitung* v. 9. 11. 95).

Anhang

Zeittafel

1955 * Rudi Buttas (6. 4. , Ex-Jugoslawien)
1961 * Roland Bless (8. 3. , Bietigheim)
1961 * Ingo Reidl (10. 6. , Bietigheim)
1961 * Hartmut Engler (24. 11. , Ingersheim)
1963 * Joe Weber (28. 3. , Ludwigsburg)
1975 Ingo und Roland gründen die Schülerband Crusade
1976 Hartmut kommt zu Crusade
1979 Joe kommt zu Crusade
1979 Tom Schwille macht Beleuchtung bei Crusade
1979 Frieder Baer macht Tontechnik bei Crusade
1980 Rainer Nagel produziert und managt Crusade
1980 Als Moonstone Auftritte in US Army Clubs
1980 Aus Crusade wird Opus
1981 Rudi kommt zu Opus
1983 *OPUS 1* (1)
1985 Aus Opus wird PUR
1985 *VORSICHT ZERBRECHLICH* (2)
1986 PUR wird Bundesrocksieger
1987 Plattenvertrag mit Intercord
1987 *PUR* (3)
1988 »Goldene Europa«
1988 *WIE IM FILM* (4)

1989 Zusammenarbeit mit Peter Maffay *(Kein Weg zu weit)*
1989 Zusammenarbeit mit Mary (Mary und Gordy)
1989 Gehalt für jedes Bandmitglied: 1500 Mark pro Monat
1990 *UNENDLICH MEHR* (5)
1990 Erster Chart-Einstieg
1990 Zusammenarbeit mit Reinhard Mey *(Alles geht!)*
1990 »Fred-Jay-Preis«
1990 Tournee 90/91
1991 *NICHTS OHNE GRUND* (6)
1991 »Preis der Deutschen Schallplattenkritik«
1991 *Nichts ohne Grund*-Tournee 91/92
1992 *PUR LIVE* (7)
1993 Erste Goldene Schallplatte
1993 *SEILTÄNZERTRAUM* (8)
1993 *Seiltänzertraum*-Tour 93/94
1994 *PUR LIVE VIDEO* (9)
1994 Erste Platin-Schallplatte
1994 »ECHO-Preis«
1994 »Goldene Stimmgabel«
1994 »Goldener RTL-Löwe«
1994 »RHS-Gold«
1995 *ABENTEUERLAND* (10)
1995 *Abenteuerland*-Tour 95/96
1996 Riesen-Open-airs in ganz Deutschland

Diskographie/Videographie

1983: *OPUS 1* (1)
1985: *VORSICHT ZERBRECHLICH* (2)
1987: *PUR* (3)
1988: *WIE IM FILM* (4)
1990: *UNENDLICH MEHR* (5)
1991: *NICHTS OHNE GRUND* (6)
1992: *PUR LIVE* (7)
1993: *SEILTÄNZERTRAUM* (8)
1994: *PUR LIVE VIDEO* (9)
1995: *ABENTEUERLAND* (10)

Song-Titel

(118 Titel nach Alben/Videos)

OPUS 1 (1)
Im Nebel
Messias
Traumbild
Der Falter und das Licht
Der erste Sonnenstrahl
Vereint
Hey Mensch
Der Henker
Es wird einmal

VORSICHT ZERBRECHLICH (2)
Roboter
Manchmal (Großstadtsyndrom)

Fallen
Glaubst du denn
Süchtig
Merlins Bolero
Ganz tief
Im Labyrinth
Verwirrt
Alles für's Schwein
Die grüne Pflanze

PUR (3)
Bis der Wind sich dreht
Drachen sollen fliegen
Giorgio Successi oder Das Publikum ist schlau
Pech gehabt – Glück gehabt
Merlins Rock
Hab' mich wieder mal an dir betrunken
Irene
Wenn du groß bist
Mehr als mich
La le lu

WIE IM FILM (4)
Viel zu lang zu gut gegangen
Wenn sie diesen Tango hört
Solang ich noch am Leben bin
Nur im Film
D-Mark
Kowalski
Funkelperlenaugen
Festgerannt

Immer weiter
Schlafen

UNENDLICH MEHR (5)
Freunde
Sag ja
Brüder
Anonyme Opfer
Gib uns etwas Zeit
Kowalski II
Alice im Wunderland
Nutzlos
Täglich mehr
Herz für Kinder
Du bist mehr
Das Tier
Prinzessin

NICHTS OHNE GRUND (6)
Lena
Lied für all die Vergessenen
Kein Krieg
Nichts ohne Grund
An so 'nem Tag
Kowalski III
Mein Freund Rüdi
Weißt du noch
Im letzten Regen
Ohne dich
Geweint vor Glück

PUR LIVE (7)
Hab' mich wieder mal an dir betrunken
Brüder
Bis der Wind sich dreht
Drachen sollen fliegen
Ohne dich
Wenn sie diesen Tango hört
Freunde
Prinzessin
D-Mark
Lied für all die Vergessenen
Funkelperlenaugen
Lena
Fallen

SEILTÄNZERTRAUM (8)
Hör gut zu
Seiltänzertraum
Indianer
Neue Brücken
Hey du
Heimlich
Noch ein Leben
Sie sieht die Sonne
Nie genug
Der Mann am Fenster
Alles wird gut
In dich
Kowalski IV

PUR LIVE VIDEO (9)
Seiltänzertraum
Neue Brücken
Bis der Wind sich dreht
Drachen sollen fliegen
Mein Freund Rüdi
Indianer
Lena
Brüder
Kowalski III
Hör gut zu
Hab' mich wieder mal an dir betrunken
Wenn sie diesen Tango hört
D-Mark
Funkelperlenaugen

ABENTEUERLAND (10)
Abenteuerland
Ich lieb dich (egal wie das klingt)
Leben
Nur zu dir
Ganz egal
Daß es dir leid tut
Kowalski V (Das Problem)
Ein graues Haar
Es tut weh
Wut im Bauch
Ruhe
Ungeheuer
In Gedanken
Merlins Reise

Song-Titel

(118 Titel alphabetisch; in Klammern die Alben/Videos)

Abenteuerland (10)
Alice im Wunderland (5)
Alles für's Schwein (2)
Alles wird gut (8)
An so 'nem Tag (6)
Anonyme Opfer (5)
Bis der Wind sich dreht (3,7,9)
Brüder (5,7,9)
D-Mark (4,7,9)
Das Tier (5)
Daß es dir leid tut (10)
Der erste Sonnenstrahl (1)
Der Falter und das Licht (1)
Der Henker (1)
Der Mann am Fenster (8)
Die grüne Pflanze (2)
Drachen sollen fliegen (3,7,9)
Du bist mehr (5)
Ein graues Haar (10)
Es tut weh (10)
Es wird einmal (1)
Fallen (2,7)
Festgerannt (4)
Freunde (5,7)
Funkelperlenaugen (4,7,9)
Ganz egal (10)
Ganz tief (2)
Geweint vor Glück (6)
Gib uns etwas Zeit (5)

Adressen

PUR-Konzerte
Live Act Music GmbH
Postfach 1201
74302 Bietigheim
Tel: 07142-66048

PUR-Autogramme
Postfach 64
74379 Ingersheim

PUR-Versand
Postfach 1123
74334 Brackenheim

Open-air-Konzerte 1996

22. 06. Düsseldorf
29. 06. Neu-Ulm
03. 07. Minden
06. 07. Rendsburg
13. 07. Bayreuth
18. 07. Koblenz
19. 07. Balingen
20. 07. Speyer
25. 07. Fritzlar
27. 07. Leipzig
31. 07. Berlin
03. 08. Bietigheim-Bissingen

Aktuelle Tour-Infos:
PUR-Hotline
Tel: 0190-190555 (1 Min. = 1,15 DM DeTeMedien)

Bundesweiter Ticket-Service:
FAN Association
Tel: 02624-910091

Quellen

Aachener Volkszeitung, Abenteuerland-Tourheft, AZ, Berliner Zeitung, Bietigheimer Zeitung, Bild und Funk, Bravo, Fachblatt Musikmagazin, FAZ, Focus, Gala, Gong, Hamburger Morgenpost, Heilbronner Stimme, Kölner Express, Kölner Stadt-Anzeiger, Live in Concert, Music News, Musik Markt, Musikwoche, Neue Züricher Zeitung, Pop-Archiv International, Presse-Info Intercord, Presse-Info MAMA Concerts & Rau, Rhein-Zeitung, Rheinische Post, Stern, Stuttgarter Nachrichten, Stuttgarter Zeitung, Südwestpresse, Tango, TIPO, Welt, WOM Journal

GOLDMANN

Degrassi Junior High

nach der gleichnamigen, preisgekrönten Fernsehserie.

Bleib auf dem Teppich, Stephanie! 8223

Bryans heißer Sommer 8258

Laß das Träumen, Melanie 8225

Bühnenausgang links 8221

Goldmann · Der Taschenbuch-Verlag